江戸の落語家、東北を旅する

奥のしをり

船遊亭扇橋＝著
加藤貞仁＝現代語訳

無明舎出版

奥のしをり◉**目次**

はじめに

◇二代目扇橋という人

筆者は、江戸の落語家、二代目船遊亭扇橋という人である。没年は不明だが、嘉永元年（1848）に六十三歳という記録があるので、語佛という名で「奥のしをり」の旅をした天保十二年（1841）には五十六歳だったことになる。

出自は初代扇橋の弟、あるいは麻布の茶漬茶屋の息子と二つの説がある。落語家としては初代扇橋の弟子として新橋から始まり、扇蝶、扇蔵と順次昇格して改名し、最後に師匠の名を継いだ。期待していた柳橋が若死にしたので三代目を継がせたという入船扇蔵は、現在の落語界で言えば二つ目時代の語佛自身の芸名である。

ただし、初代は落語の合間に短い唄を聞かせる音曲咄の元祖とされていて、冒頭に名のある都々逸坊扇歌もその弟子の一人だったから、これを自分の弟子のように書いていることには疑問の余地がある。

都々逸は「ドドイツ、ドイドイ、浮世はサクサク」という囃子言葉に由来する俗曲で、名古屋が発祥の地である。それが江戸に伝わり、天保の初めごろ、都々逸坊扇歌が寄席で謎解きの芸にして大評判となった。

吉川英史の『日本音楽の歴史』には、こんな謎解きが紹介されている。

「壇ノ浦の平家」という客からの出題に対し、即座に「壇ノ浦の平家とかけて、何と解きましょうか、ああ、四文銭を天ぷらにして、三文で売ると解くわいな。解きましたその心、波をあげて一もんを、損するではないかいな」というぐあいに、謡いながら頓智頓才を発揮する。これが非常に受けたのである。

つまり都々逸坊扇歌は、まったく新しい寄席芸を創始したわけで、初代扇橋の音曲咄の系譜ではあっても、滑稽落語の二代目扇橋（語佛）の門下とは考えにくい。

そしてもう一つ、研究者によると、二代目扇橋は狂言作者（歌舞伎の台本作者）並木五瓶の名を継いで二代目になったと自身が述べているという。二代目扇橋は狂言作者（歌舞伎の台本作者）並木五瓶は別人が継いだことがはっきりしていて、語佛師匠は三代目だとの説もあるが、自分で二代目と言っているあたりの事情はよくわからない。三代目並木五瓶の作という歌舞伎は記録があるので、落語家と狂言作者を両立させていたとも推測される。が、「奥のしおり」では、狂言作者の顔は全く見せていない。

冒頭は、旅に出た経緯と、この旅行記に込めた思いを書き綴っている。

読んですぐ気づくのは、扇橋改め語佛という人がかなりの教養人であることだ。滑稽落語という笑い話の創作者の顔から、現代のお笑いタレントのギャグを想像してはいけない。世の中の風刺やおかしみである狂歌、川柳もたしなむ一方で、芭蕉の風雅の根底にある和歌の伝統的世界にも深い造詣を見せていることに注目したい。

それは、すらすらと並べた「歌枕」を見ただけでわかる。

「歌枕」を簡単に言えば、古来の和歌に詠まれた地名、景物のことだが、みちのくの「歌枕」は、実際に見ることが難しい京の都の歌人たちにとっては憧れでもあった。芭蕉の『奥のほそみち』も、自分の足で歌枕を訪ねる旅だった。語佛師匠も、芭蕉と同じ気持ちだったのだろう。生半可な思い入れではない。

◇冒頭に登場する「歌枕」

【勿来の関】

江戸から水戸を通り、太平洋岸を岩沼（宮城県岩沼市）まで行って奥州街道に合流する「江戸浜街道」の関門が、福島県いわき市に史跡がある勿来の関だ。白河の関（福島県白河市）、鼠ヶ関（山形県鶴岡市）と並ぶ奥羽三関のひとつである。「勿来」とは「来るなかれ」、つまり来てはならないという意味だ。

吹く風をなこその関と思へども道も背に散る山桜かな　八幡太郎源義家

（これから奥州に入る私に向かって吹いてくる風も、来るなかれという関だからと思うものの、来て見ればこの道を進む私の背に散りかかる山桜の見事なことよ）

勿来の関を詠んだ歌はほかにもあるが、前九年の役に際してみちのくに足を踏み入れた源義家が、その第一歩であるこの地で詠んだというこの歌（『千載集』）によって、広く知られている。

【松島】

日本三景のひとつである松島は、奥羽第一の歌枕とされた。芭蕉も『奥のほそみち』の冒頭、「松島の月まづ心にかかりて」と、抑えきれない旅心を述べている。『源氏物語』にも、『枕草子』にも松島が登場するように、平安の歌人たちも大いにあこがれた場所であった。

松島や雄島が磯による浪の月の氷に千鳥なくなり　俊成女（俊成卿女集）

（松島のすばらしさよ、その中の雄島の磯に寄せ来る波が氷のように輝く月明かりに映えて、多くの鳥が鳴いていることよ）

音に聞く松が浦嶋今日ぞ見るむべも心ある蟹はすみけり　素性（後撰集）

（うわさに聞いていた松島の海を念願かなって見てみると、なるほど蟹さえも風雅の心を持って住み暮らしているようだ）

【末の松山】

都から来た男と夫婦になった女が「末の松山を波が越えたらお別れです」と言った直後、白鷺の一群が波のように松山を越えて行った。その途端、女の姿が消えてしまったという悲恋物語にちなむ歌枕である。

君をおきてあだし心をわが持たば末の松山浪も越えなむ　『古今集』東歌

（あなたがいるというのに、もしも私が浮気心を持ったなら、末の松山を波が越えてあなたが消えてしまうことでしょう、私にはあなたしかいません）

契りきなかたみに袖をしぼりつつ末の松山波越さじとは　『百人一首』清原元輔

（あなたとは固く誓い合いましたね、お互いに泣きぬれながら、まさか末の松山を波が越えてあなたが消え去ることなどないと私は信じています）

実は、「末の松山」は二カ所ある。一カ所は宮城県多賀城市だが、語佛師匠は「南部」と言っているので、岩手県二戸郡一戸町の浪打峠のことだ。ここは海から遠く離れているが、奥州街道沿いの浪打峠には、波が打ち寄せるさまを連想させる美しい縞模様の地層が露出している。「末の松山層」と呼ばれる地層で、国の天然記念物に指定されている。

【外ヶ浜】

日本最北の歌枕の地。陸奥湾に面した津軽半島東海岸一帯のことだが、地名だけが平安歌人に伝えられていたと推測される。

陸奥の奥ゆかしくぞ思ほゆる壺の碑そとの濱風　西行

（みちのおくと言うが、またその奥を見たいものだ、とりわけ壺のいしぶみと外ヶ浜の風の景色を）

「そとの濱風」が「外ヶ浜」のことだが、西行が実際にこの地に足跡を残したとは思えない。この歌枕を詠んだ歌は非常に少ない。

【善知鳥】

弘前藩（津軽氏、十万石）が江戸時代になって青森に新たな港を造るまで、現在の青森市は善知鳥（うとう）村という漁村に過ぎなかった。この地名のもとになったのは、陸奥に流された宇頭大納言安方が外ヶ浜で生涯を終えた時に、親子の鳥が現れて、親鳥が「うとう」と鳴くと、子鳥は「やすかた」と答えたという伝説である。村人が建てた善知鳥神社は、今も青森市内にある。室町時代の寛正六年（１４６５）、この伝説を基にした謡曲「善知鳥」が足利将軍の前で演じられた。この能楽で、シテは

「みちのくの外ヶ浜なる呼子鳥鳴くなる声はうとうやすかた」

と謡う。謡曲「善知鳥」は、生前に「善知鳥」を殺傷していた猟師の亡霊が、あの世に行ってみると、「善知鳥」は鉄のくちばし、銅の爪で罪人の目玉をつかみ、肉を割くという怪鳥になっていたという、恐ろしい

物語である。

◇語佛師匠の読書量

この冒頭には、先人の紀行文も登場する。「鴨長明大人の見分」と現代語訳した原文は、「鴨の長明うしの見物車」で、見物車とは高貴な人が乗る牛車のこと。これで都を見物したことからそう言われる。鴨長明は随筆『方丈記』で知られるが、『新古今集』に多数の歌が採られた歌人であり、歌論集『無名抄』を書き残している。しかしここで、なぜ鴨長明の名を出したのだろうか。

長明は伊勢・熊野に旅したことがあり、「伊勢記」という紀行文を残したという。しかしこれは、今では散逸してしまい、そこから引用した他の文献で旅の様子を類推するしかない。あるいは語佛師匠の頃は、この書物が現存していたのかもしれない。

「東遊記」と「西遊記」は、伊勢の人で、医師の橘南谿の旅行記。「西遊記」は西日本の旅だが、「東遊記」は天明五年（１７８５）秋から翌年夏にかけて北陸、越後、奥羽をめぐり、寛政七年（１７９５）に五巻が出版され、四年後に後編五巻が出た。南谿は新潟から鶴岡、酒田を経て秋田、津軽に入り、津軽半島の先端竜飛崎に近い三厩まで行っている。そこから青森、野辺地、七戸、盛岡と歩き、奥州街道を仙台、福島とたどって江戸へ帰った。物見遊山ではなく、医者の目で各地の風土を記録している。

前編五巻、後編五巻が出版されたということは、かなり売れたのである。語佛師匠も若い頃、読んでいたに違いない。

十返舎一九の「膝栗毛」は、言うまでもなく弥次さん、喜多さんの珍道中『東海道中膝栗毛』に始まる「膝栗毛シリーズ」で、江戸時代のベストセラーだ。伊勢参りをはじめとして、庶民の旅行が盛んになった江戸後期の世相がよく表されている。滑稽落語の創作者としては、必見の書であったはずだ。

と言っても、「奥のしをり」で語佛師匠は決して「珍道中」を演じていない。「居ながらにして名所を知ろうという人の助けにでもなれば」という謙虚な言葉の中に、この旅日記の深慮がうかがえる。

◇現代語訳にあたって

今回の現代語訳は、三一書房の『日本常民生活資料叢書　第九巻』（１９７２年刊）を底本とした。

逐語訳でわかりにくい部分は意訳し、語順を入れ替えたところもある。

江戸時代の文章にはない句読点も、適宜書き入れたことをお断りしておく。

またスケッチは必要最小限にとどめたことを付記しておきたい。

奥のしをり

冒頭

豊かな世の中に生まれて来た楽しさというものは、浜の松の音も静かにおさまって枝も鳴らさなくなった潮風のように、武家が取るべき弓は案山子に譲り、刀は御堂に納めおくのがよろしいようで、私も風雅の道を種として狂歌、俳諧、川柳も、ただ大人（うし）たちのまねばかりではありますが、滑稽落語を作ることをなりわいとして世を送ること五十余年になりました。

私は若い頃から遊歴を好みましたが、師匠の扇橋居士が早くに亡くなられ、その名を受け継いで教えた弟子のために江戸に足をとどめること二十年余にもなってしまいました。門人の中には、江戸でまずこの人、次はこの人と数えられるようになった麗々亭柳橋、都々逸坊扇歌がおります。扇歌は当節流行の都々逸「とっちりとん」の道に長じ、噺（落語）は柳橋にとどめを刺すと申せましょう。私は柳橋に名を継がせて、あとは気ままに生きようと思っていたのでございますが、柳橋は四十歳まで三、四年の間がある歳で、私より先に亡くなってしまいました。そういうわけで、しかたなくその次の弟子、入船扇蔵という者に扇橋の名を継がせ、私は以前に名乗った扇橋庵語佛と改めて、ようやく楽隠居の念願を果たしました。

ほかにも頼りになる弟子はいて、その一人は江戸におり、また一人は水戸の徳川様に仕えて水戸におります。二人とも武士の役職にあります。私はもうこの世の中に思い残すこともなく、思い立って常陸の国の水戸へ旅に出ました。

そこから、（奥州の関門）勿来（なこそ）の関を越え、岩城の湯本温泉で湯につかり、同じく岩城平の知り合いの尼橋という仏門の人を訪ね、名馬の産地として知られる相馬の駒の背に身を任せて、みちのくの松島を見物し、南部の国にある「末の松山」から、津軽の果ての外ヶ浜、善知鳥（うとう）と、都の歌人たちが憧れた歌枕の地が今はどうなっているかを訪ね、出羽の秋田の黄金の山に分け入り、庄内酒田、鶴岡から越後、越前、美濃、尾張、さらには京の都まで登ろうと思いついたのでございます。

これは、その道中記でございます。いにしえの鴨長明大人の見分、そのほか（橘南谿の）「東遊記」や「西遊記」などの紀行に比べるほどのものではございませんが、ただ、その国の人が語り教えてくださったことをそのまま書きつけて、居ながらにして名所を知ろうという人の助けにでもなればと思うものでございます。

また、所々で口ずさんだ下手な歌も、ここまで杖をついて旅して来た証拠にと思って書きつけ、「道の枝折」（しおり＝道しるべ）と名をつけることにしました。十返舎一九の「膝栗毛」ではありませんが、金のわらじの緒を締めて、喜多八ではなく妻を友とし、弥次郎兵衛にも負けない江戸っ子気質は身の内に控えさせ、行く先々の風雅の道をもてあそんで、滑稽の道を好まれる皆々様の御厚情を力として、いつまでに、どこへという定めもない、にわか雲水となった私は……

東都落語滑稽の作者　先の痂遊亭扇橋こと　滑稽舎　語佛　誌

天保十二年　丑年　神無月

仙台城下

◇天保十二年の暮れまで

天保十二年（１８４１）十月二十八日、仙台城下に到着した。長町（注１）という所まで三笑亭五楽が迎えに出てくれて、大町五丁目の目明し（注２）、鈴木忠吉殿方へ参り、それから糠蔵町の峰岸善左衛門様の長屋にある五楽の家に落ち着いた。

二十九日早朝、忠吉殿の身内の鈴木屋亀吉という十人組の方、同じく、亀吉殿の弟で八百善源六殿の二人が参られて相談し、十一月三日から新伝馬町の後藤屋という家で二十日間の興行を始めることを決めた。願主（注３）は信濃屋善左衛門である。講談、落語、そのほかの諸芸は三願主といって、小竹屋長兵衛、信濃屋善左衛門、真壁屋新蔵の三人が務めるということだ。

芝居（の願主）は三太夫という人がいるが、その人の希望で「歌舞伎はできないから、操り人形芝居をやりたい」という。江戸から歌舞伎役者が来ても、舞台には五人より多くは出られず（注４）、大詰めになって

注１　長町＝江戸から奥州街道を下って、仙台城下へ入る直前の宿場。広瀬川を渡ると仙台城下。仙台市太白区長町。

注２　目明し＝犯罪者を探索するため、奉行所の与力や同心が任命する者だが、銭形平次や三河町の半七親分など時代劇でおなじみの「正義のヒーロー」と、実際の目明しには大きな落差がある。犯罪者を探索するためには、やくざなどの裏社会に精通している者でなければ役に立たないので、軽微な犯罪者の中から選んで警察権の一部を与えたのが目明し。特に地方では犯罪者が他国（他の大名の領地や天領）に逃げ込んだ場合、領主間で正式な引き渡し交渉をするのはさまざまな手続きを必要としたので、目明しのネットワークで探索することが暗黙の了解事項として効果を発揮した。ただし、この百年ほど前、伊達の家臣の知行地で起きた領民との紛争を、正式の裁判にする前に町奉行所の依頼で探索した目明しが、きちんとした報告書を残している（高倉淳、『仙台藩犯科帳』）ことから、裏社会に通じているだけではなく、報告書を書けるだけの素養が目明しには求められた

大勢が出るようになると、セリフのない役者は後ろ向きになるほかはない。

浄瑠璃(注5)、豊後節(注6)、新内節(注7)、説教節(注8)などは三味線弾きが必要だが、検校(注9)様の門人でなければ興行ができないという事情がある。我らより先に、女浄瑠璃が津賀多国分町という所で興行していたし、新内節の吾妻路富士太夫は肴町で興行していた。説教節と浄瑠璃の薩摩千賀太夫、同じく伊久太夫は南町で興行していた。そのほか八人芸(注10)、奥州浄瑠璃がそれぞれ興行していた。

五丁目町の後藤屋千代吉殿という料理茶屋は、昔から知っている人だったので訪問した。南町の元目明しの安太郎殿の娘で、「おいな」という人もこの料理茶屋にいて、知った人だったのであいさつした。そのほか、鳴物師(注11)の雲次殿、七兵衛殿、木町の吉岡という料理茶屋、いずれも昔からの知り合いだったので訪問した。

さて、十一月三日から五日まで興行したところ、お屋形様(注12)の法事があって鳴物を止められ、二晩興行を休んだ。また、大雪で一晩休み、二十五日に千秋楽となった。

そのあと、二十七日から二日町二番町という所で十五日間の興行を催し、十二月十二日に千秋楽となった。

ことがわかる。

注3　願主＝芝居や寄席などの興行の出願者。各種興行は勝手にはできず、必ず領主に認可を願い出る必要があった。建物の新築、改築の費用を得るために興行したい社寺が願主となることも多かったが、これは必ずしも許可されなかった。ところが目明しは、探索費用は自前だったため、その反対給付として、目明しが出願すれば簡単に許可されるのが通例だった。そのために目明しは芝居などの芸人から頼りにされ、観客動員も期待される存在だった。「奥のしをり」では、目明し鈴木忠吉ではなく別人が願主となっているが、仙台城下では興行に関して特定の人が願主になることが慣例だったのだろう。ただし願主が必要なのは、小屋がけや舞台のある場所で大々的に行う興行の場合で、小規模の座敷興行は自由だった。

注4　舞台には五人より多くは出られず＝仙台には、江戸のような回り舞台、せり上がりのあるような本格的な常設の芝居小屋がなく、興行は臨時に建てた小屋で行われたのだろう。どこの大名も「諸事倹約」を建前としていたから、常設の娯楽施設は許可されないのが通常だった。

注5　浄瑠璃＝法師が琵琶を伴奏に「平家物語」を語る芸を「平曲」という。これを「語り物」といい、織田信長の時代に、源義経と浄瑠璃姫の悲恋を題材にした「語り物」が評判となり、「浄瑠璃」と呼ばれるジャンルができた。江戸時代にはいろ

そしてまた、石町という所で十日間の興行をして二十二日に千秋楽となり、めでたく年を越した。

（仙台まで、扇屋一蝶という弟子夫婦、馬生門人の馬好というのを連れて来ていたが、十二月十四日、和歌名屋扇蝶という弟子が訪ねて来た。元は都々逸坊の門人で歌山といい、尾張名古屋の人であるが、我らの弟子となっていた。越後から松前へ渡り、南部領へ上ってあちこち興行して石巻まで来たところで、私が仙台へ下って来たことを聞き、訪ねて来たのだという）

◇天保十三年の年明け「花咲連」の会合

正月二日、八百善源六方で噺始めをして、それから毎日あちこちのお座敷を務めた。

二月二日からは、新伝馬町の米屋という所で、亀吉殿ならびに黒玉圓直吉殿と申す人の世話で、十五日間の座敷興行をした。

十二日には、八百善源六殿の家で、芝居の所作を面白おかしく見せる茶番狂言の催しがあった。この会には、国分町の伊勢屋半右衛門殿という書店の主、掌善坊という人、一朝という金持ちの医者（この人の本名は奥村玄朝殿という）、そのほか文叟という俳人、樵堂治調忠

いろな物語が創作され、浄瑠璃は「語り物」の一大潮流となった。特に大坂では元禄期（1688〜1704）に、物語作者・近松門左衛門と、それを迫力ある節回しで語る竹本義太夫のコンビが人形浄瑠璃のヒット作を次々に飛ばし、大坂で浄瑠璃と言えば義太夫節を指すようになった。

注6　豊後節＝浄瑠璃から派生した流派。宮古路豊後という人が享保8年（1723）、師匠から独立したのを機会に語り始めたとされる。名古屋で実際に起きた心中未遂事件を脚色するなど、官能的でセンセーショナルな新しい物語を創作し、聴衆を集めた。しかし江戸ではその後、武家の妻や娘がかかわる心中事件が頻発したことから、弾圧をうけることにもなった。とは言え、江戸でも座敷興行は黙認され、江戸以外の地ではほとんど興行差し止めになることもなかった。この系譜からは常磐津、富本、清元という歌舞伎音楽も現れ、「豊後三派」とも言われている。

注7　新内節＝劇場での興行から離れた浄瑠璃。文化年間（1804〜1818）、二世鶴賀新内から始まった。物語全段を語り続ける義太夫などに対し、よく知られた場面などを断片的に、軽い調子で語るのが新内で、芝居好きの人々に好評を得て広まった。新内を語って町を流して歩く「新内流し」は、現代まで継承されている。

注8　説教節＝平安時代に、僧侶が仏教の教理を説いたのが「説教」だが、それが巧みな語り口と

吉殿は（俳号）五調、（鈴木屋）亀吉殿は（俳号を）萬亀庵と申された。（八百善）源六殿は古久升と申して、これも俳諧をよくいたされる。芝居も好きで少々狂言なぞもおできになる面白い人物である。この時からあちこちで、芝居に合わせた料理を出す「景物会」を催し、ここに名を上げた人々の集まりを「花咲連」と名付けた。これにより、皆々心やすくなって、中でも掌善坊殿は私をことのほかひいきにしてくれるようになった。

掌善坊殿の家は、庭に藤棚のある橋をこしらえたことから、「藤橋」と名付けた。しばしば藤橋へまいり、連中（花咲連）が会合し、画賛歌(注13)ということを始めて楽しんだ。後には、釈迦堂梅惣という料理屋、そのほか木町吉岡という所で会合して遊んだ。

料理茶屋は、木町の吉岡、肴町の奥田、五丁目の後藤、新伝馬町の八百善、吉野屋、肴町の大黒屋、そのほか数多くあった。

（一蝶というのは、元は林屋一蔵の弟子で、武州川越の者だが、上方へ行って、越前からお安という女を女房にして連れ歩き、会津から同道して仙台へ来たのだが、女房が身重になり、五楽の長屋で正月に出産した。生まれたのは男の子で、我らが奥州にいて生まれたのだからと、奥太郎と名付けてやり、川越へ帰りたいというので、仙台から

音楽伴奏がついて「説教節」に発展した。次第に世俗化し、森鴎外が描いた安寿と厨子王の物語、「山椒大夫」は説教節を代表する演目のひとつ。ただ、ほかの語り物に比べると硬い内容が多く、18世紀前半に一時期姿を消し、文化年間に復興したという。

注9　検校＝琵琶、管弦、按摩、針灸などを職業とする盲人の官位の最高位。江戸時代、盲人に対してはかなり手厚い福祉政策がとられていて、音楽をなりわいとする検校には、それを教える特権が与えられていた。仙台では、その門人でなければ興行の舞台に立てないという特権があったのだろう。

注10　八人芸＝一人で何人もの声色を演じたり、八人分の鳴物を一人で奏したりする演芸。

注11　鳴物師＝歌舞伎で唄、三味線以外の笛、太鼓などの囃子方。

注12　お館様＝仙台藩主、伊達のお殿様。

注13　画賛歌＝画賛は、絵に書き入れる詩歌。ここではそれを楽しんだというから、花咲連が集まって、掛軸などの絵を鑑賞して、それぞれに画賛の歌を競い合ったのだろう。

旅出させてやった）

◇正月のにぎわい

正月二日、三日からは万歳、(注14)田植え踊りというものが町に出て来た。大田植えというのは門付けの乞食ではなく、屋敷褒めのことで、やん十郎という者が興行の株を持っている。中でも「跳ねこ田植え」というのは、若い人たちがいろいろその場の思い付きで芸を見せ、虎狩り、雀踊り、唐人、龍人などに扮し、やん十郎がその場を仕切って、手慰みがてらに演じる。三味線は使わず、笛、太鼓、摺り鉦で囃し立て、町中を跳ね回り、大きな家は中まで跳ね込んで祝儀をもらい、それで酒を飲んでさわぐものである。

我らがいる峰岸様の長屋内から、吉野屋の息子吉兵衛が（跳ねこ田植えに）出て、帰りには酒を飲んでけんかなどもして日々大騒ぎだった。

注14　万歳＝だじゃれを言う才蔵と、それをたしなめる太夫という形式で、二人が滑稽な掛け合いを演じる芸。新年におめでたい文句を連ねて家々を回る三河万歳は、江戸まで出張して評判をとり、現代まで継承されている。大阪の「しゃべくり漫才」は、この形式を現代風に発展させたもの。

金華山見物

◇多賀城と「壺のいしぶみ」

正月は毎日、肴町、南町のあちこちで座敷興行をしていたが、二十一日、塩竈[注1]から松島、金華山へ見物に出かけた。この時の同行は掌善坊、古久升（八百善源六）、そのほか二、三人である。

原ノ町[注2]の先の案内という所は湯豆腐が名物で、これは豆腐を細く切り、醤油で食べさせる。

そこから（歌枕の）「壺のいしぶみ」[注3]を見物しに行った。昔はここに多賀城[注4]という城があって、石碑はその城の碑だという。本物の「壺のいしぶみ」は南部七戸[注5]にあると聞いている。そこには「壺村石ノ碑」という地名があるそうだ。

（多賀城碑の碑文[注6]）

去　京ヲ　一千五百里（都を去ること１５００里）

去蝦夷国境ヲ　一百二十里（蝦夷の国を去ること１２０里）

去常陸国境ヲ　四百十二里（常陸の国を去ること４１２里）

西

注1　塩竈＝「塩竈の浦」は、別名「千賀の浦」ともいう歌枕。直接的には塩竈湾のことだが、松島湾が最も奥深く湾入したのが「塩竈の浦」で、都の歌人は松島湾全体と思っていたようだ。この歌枕を有名にしたのは、百人一首の「みちのくのしのぶもぢずりたれ故に乱れそめにしわれならなくに」で知られる源融（みなもとのとおる）が、京の六条河原に豪壮な邸宅を建て、そこに塩竈の浦の景色を模したという広大な庭を造って大評判となったためだ。それで、源融は河原左大臣と呼ばれた。

　なお、「奥のしおり」の原書は「鹽竈」と表記しているが、現代語訳では宮城県「塩竈市」の公式名の表記に合わせた。

注2　原ノ町＝金華山街道（別名松原街道）の最初の宿場（仙台市宮城野区）。次の今市宿への途中にあるのが案内という所で、湯豆腐を看板にしていたのは菅野屋という店。江戸の人で、食通の富田伊之（とみた・これゆき）が18世紀後半にみちのくの名物を食べ歩いた『奥州紀行』では、「湯とうふというのは、江戸で言うそば切り豆腐のこ

去下野国境ヲ　二百七十四里（下野の国を去ること274里）

去靺鞨国境ヲ　三千里（靺鞨国を去ること3000里）

この城は神亀元年甲子の年（聖武天皇朝の年号で、西暦724年）、按察使[注7]（あぜち）兼鎮守将軍、従四位ノ上、勲四等、大野朝臣東人が設置したもので、天平宝字六年壬寅の年（西暦762年）、参議で東海東山節度使[注8]、従四位ノ上、仁部少卿兼按察使鎮守将軍、藤原ノ恵美朝臣朝獦[注9]（あさかり）が修復した。

天平宝字六年十二月一日

○都よりはるけきみちのおくふかく多賀建てにけん壺の石碑

（最初に○があるのは語佛師匠の作。「多賀」は、「誰が」にかけた言葉）

○石碑やうつす矢立の壺すみれ

（矢立の「立」、墨壺の「壺」をつないで「タチツボスミレ」という、普通に見られる春の野草の名になる洒落）

原ノ町から二里余の燕沢という所に碑がある。これはその昔、蒙古の僧が建てた[注10]ということだ。ここに高尾山善思寺という寺があると聞

とで、一膳六文」と記録している。この街道は、塩竈、松島、金華山への往来が盛んで、そうした観光客向けのグルメとして「案内の湯豆腐」は有名だった。

注3　壺のいしぶみ＝実態がよくわからない歌枕だ。平安時代の学者、顕昭が書いた研究書『袖中抄』に、「陸奥の奥につぼのいしぶみがあって、征夷大将軍坂上田村麻呂が陸奥に遠征した時、弓の端で石の表面に日本の中央と書いた」というのが、唯一の手がかりだ。それが「つぼ」という地名の場所にあるという。『袖中抄』は、『万葉集』以来の歌集に出て来る難解な言葉の解説書。つまり、すでに平安時代に「壺のいしぶみ」は解説を必要とする言葉になっていたのである。

注4　多賀城＝大和朝廷の蝦夷征討の拠点として建設された、陸奥の国府。宮城県多賀城市にあり、発掘調査で、軍事拠点ではなく行政府だったことがわかっている。多賀城跡は国の特別史跡。

注5　南部七戸＝奥州街道の宿場のひとつで、現在の青森県上北郡七戸町。2005年に合併して七戸町となった旧天間林村に「坪」という地名があり、その辺りは、古代には「都母」と言われていた。だから地元では昔から、近くのどこかに「壺のいしぶみ」があると信じられていた。語佛師匠は、七戸宿にその地名があると伝え聞いたのだろう。しかし「奥のしをり」の旅では、七戸には立ち寄っていない。

いた。これは高尾太夫（注11）の菩提寺だという。帰りに立ち寄ろうと思っていたのだが、それはできず、高尾（太夫）の戒名があるそうだが、これも写し取れず、残念なことをした。

◇塩竈と松島

そこから塩竈へ出た。家の数が二百四、五十軒もあり、妓楼も数多く（注12）、中でも大竹屋、田中屋などは大きな構えで、その夜は田中屋に一泊した。食事は魚の類がことのほかたくさん出て、ハモ（注13）が名物だとか。貝類もたくさんあって、アワビ、ナマコ、カキ、ホヤ、ホッキ、シウリなどという貝があった。このシウリ貝を「似たり」ともいう。女の道具によく似ているからだそうだ。

塩竈六所大明神　味耜高彦根命　社領千四百石（注14）

塩竈神社は奥州一宮である。神前に石灯籠があり、泉ノ三郎（注15）が寄進したと記されている。町のはずれに、実際に海水を焚いた塩竈（注16）が四つあり、ここを塩竈町という。この竈の水で潮の干満を知ることができるという。ここからは入江になっていて、千賀の浦というそうだ。

○神垣の霞も今にけむるかと遠目にみつの千賀の塩竈

後日談として……昭和24年、天間林村と隣接する上北郡東北町の石文という集落で、「日本中央」と書かれた大きな石が見つかった。坂上田村麻呂の後任、文室綿麻呂（ふんやのわたまろ）が弘仁2年（811）、「都母村に進撃した」という記録があり、「日本中央」と書いたのはこの人らしい。東北町ではこの石を町の文化財に指定し、「つぼのいしぶみ保存館」を建てて、常時公開している。

注6　多賀城碑の碑文＝この石碑が発見されたのは、万治・寛文（1658〜1673）のころ。これを歌枕の「壺のいしぶみ」と考えたのは、水戸光圀だという。芭蕉の頃は「新発見直後」と言ってよく、芭蕉も碑文を書き写し、石碑の寸法まで書き留めている。しかし碑文の内容は奈良の都や常陸、下野などからの距離、築城者と建設年などで、明らかに古代の多賀城の記録である。

各地からの距離で、「京」は京都ではなく「京師」、つまり都という意味で、当時は奈良。

「蝦夷国」というのは現在の宮城県北部よりさらに北の、大和朝廷に心服していなかった地域のこと。

「靺鞨」（まっかつ）は、中国東北部に住んでいたツングース系の諸民族の総称。『日本書紀』や『続日本紀』にも、その種族名が記録されていて、日本海を介して交流があったことを裏付けている。西暦698年に建国された渤海（ぼっかい）も靺鞨族の国だ。渤海使節が初めて日本に来たのは西

（塩竈神社の神域の春霞が沖にたなびいて千賀の浦も煙るのではないかと遠目に眺めているのだ）

二十二日、塩竈から船で松島を見物した。松島の瑞巌寺まではおよそ三里というが、こちら（仙台領）では六丁を一里[注17]としている。瑞巌寺は代々、正宗様からの霊廟[注18]である。松島は海中の小島が数百あるといい、まことに天下の絶景である。島々にはそれぞれ名があり、地蔵、毘沙門、仁王、大黒、えびす、布袋などの像、あるいは大鼓、屏風、甲冑などの形をしている。船に乗ってこれを見ると、おおよそ十四日かけなければ見つくせないという。その中に「富ノ観音」という島がある。この山から松島を一目で見下ろすことができるので、松島の景色は「富」にありというそうだ。その絶景は言うまでもない。

○昔より名にふる島の千歳に沖を越へたる松島の景

（遠い昔から名の知られた松島は千年の時を超えてさすがに見事な景色である）

◇金華山へ

松島から石巻[注19]へ出て、その夜は一泊し、二十三日、和田湊から峠を

暦727年で、渤海国王からヒョウの毛皮をプレゼントされ、日本では遠来の彼らに官位を授け、それに相応した衣服を返礼として贈っているので、多賀城碑を建てた時点では周知の国だったことは間違いない。しかし、「靺鞨国」を渤海と限定する必要はなく、単に「大陸の国」と解釈すべきだろう。「蝦夷国」も、「靺鞨国」も、碑文に刻まれた距離の起点は示されていないので、「靺鞨国から三千里」などというのは、「海の向こうの遠い国」を表していると思えばよい。

注7　按察使＝奈良時代に、国司の治績や民情を巡察した官職。後には陸奥と出羽だけが対象となり、しかも大納言、中納言の名目だけの兼職となったが、ここに名を刻まれた大野朝臣東人は武将で、神亀元年、蝦夷征伐に赴いた藤原宇合に従軍し、多賀城を築いた。

注8　東海東山節度使＝「東海」は東海道の意味で、伊賀、伊勢（三重県）から常陸（茨城県）までの太平洋岸。「東山」は東山道という意味で、近江（滋賀県）から美濃（岐阜県）、信濃（長野県）、上野（群馬県）、下野（栃木県）と内陸部を包括して岩城（福島県いわき市）で陸奥に至り、出羽までの広い地域を指す。節度使は元々、中国の唐の時代に、他民族の侵入を防ぐため辺境に駐屯させた軍団の司令官（玄宗皇帝の時に大反乱を起こした安禄山が有名）のことだが、日本では奈良時代に、地方の軍事責任者として征伐を任じられた

越えて山鳥の渡しという所へ出た。ここは海上一里ほどの渡しで、こちらで鐘をつくと、向こう岸から渡し舟が来て衣類を調べたうえで渡るのである。その昔、国守が城普請をする時、弁才天に祈願しないで金華山(注20)から金を掘り出し、城普請が完成したあともまた金を掘り出してここに積み上げておいたところ、一夜のうちに金は山鳥となってお山へ戻ってしまったので、ここを山鳥の渡しというのだそうだ。

○山鳥の尾の上はるかに見渡せば山の姿も見ずに浮かびて

（空を飛ぶ山鳥の長い尾の上をはるかに見渡すと金華山の下の方は見えず山が水に浮かんでいるようだ）

金華山弁天は陸路で十三里行き、海上十七里離れた島である。聖武天皇の天平二十年、この山で初めて出た黄金(注21)を（陸奥）国司から奈良の都の帝に献じた。ナマコが名物だ。山の奥に大きな水晶があり、その高さは五丈（15メートル）、六つの角があり、三抱えものの大きさという。仙人沢など見どころが多い。山中一面が金色の砂という場所もあるとかで、海岸から海中をのぞき込むと、水中一面が金色をしている。

○陸の奥に咲けや黄金の花の山いつの頃よりひらきそめけん

臨時の役職。

注9　藤原朝獦＝聖武天皇の次の女帝、孝謙天皇の時代に絶対権力者となった藤原仲麻呂の四男。しかし仲麻呂は多くの敵をつくり、次第に女帝とも不仲となり、朝獦が多賀城を修復した天平宝字六年の翌年、天皇の軍に討伐され、朝獦も処刑された。仲麻呂は、天皇から恵美押勝（えみのおしかつ）という名を与えられていたので、多賀城の碑文でも、朝獦は「藤原ノ恵美朝臣」と名乗ったのである。なお、「奥のしをり」原文では「朝偈」と表記しているが、「朝獵」が正しい。

注10　蒙古の僧＝多賀城碑は、藤原朝獦が建立したことが明記されている。語佛師匠が「蒙古の僧が建てた」との伝聞を書き記しているが、根拠は不明。

注11　高尾太夫＝江戸・吉原の遊郭、三浦屋で最も格式の高い遊女（太夫）が高尾。この名前は三浦屋が宝暦年間（１７５１〜６４）に廃業するまで、11代にわたって継承された。その中で2代高尾は、仙台の3代藩主、伊達綱宗に見受けされたが意に従わずに殺されたという俗説から、「仙台高尾」と呼ばれる。

　その綱宗は19歳で藩主となったが、酒乱の癖があり、江戸市中での幕府お手伝い工事現場を見回った帰途、吉原で豪遊したことなどがとがめられ、万治3年（１６６０）、藩主在位わずか2年で隠居、逼塞を命じられた。そのあとを継いだ綱村の時代

（大伴家持が「陸奥に黄金花咲く」と詠じているがその花はいつごろ咲き始めたのだろうか＝注21参照）

この山からは砂さえ持ち帰ることは許されず、帰りには草鞋まで履き替えなければならない。その夜は石巻まで帰って一泊し、二十四日は高木（注22）という所で宿をとり、二十五日に仙台の御城下へ帰った。

に起きたのが、仙台藩最大の危機「伊達騒動」である。たまたま約80年後の寛保年間（1741～44）、姫路藩主の榊原政岑が三浦屋の10代高尾を見受けして幕府のとがめを受けるという事件が起き、それが脚色されて伊達騒動を題材にした芝居に取り入れられ、「仙台高尾」のエピソードが生まれた。

　語佛師匠が書き記した「高尾太夫の菩提寺」とか「戒名」は、まったく事実無根なのだが、伊達騒動は芝居ばかりでなく読本でもたびたび題材となり、当時の大衆には広く知られていた。それで作中人物が実在したかのような関係遺物が創作されたのだろう。

注12　妓楼も数多く＝塩竈では仙台藩領内で唯一、遊女屋が公認されていた。

注13　ハモ＝関西で好まれるハモ（鱧）ではない。この辺りで言うハモは、アナゴのこと。

注14　塩竈神社＝祭神は、鹿島神宮（茨城県鹿嶋市）に祀られる武甕槌神（タケミカヅチノカミ）と、香取神宮（千葉県香取市）に祀られる経津主神（フツヌシノカミ）を本宮に、別宮に岐神を祀っている（岐神は別名・塩土老翁といい、注16参照）。武甕槌と経津主は、天孫降臨の前に高天原から地上に派遣された武神。大和朝廷の東征で、下総と常陸に神宮が創建されたことを考えると、多賀城を築いた時、陸奥一宮に相当する大社が必要とされたのだろう。そして、この辺りで古くから祀ら

れていた、海に関する地方神を合祀し、いわば「陸奥総社」いう形で塩竈神社を創建したと推測される。武神を祀っているので武士の崇敬を集め、伊達政宗が「奥州一宮」にふさわしい威容を整えた。現在の拝殿は、4代藩主綱村の時に造営された。「社領千四百石」は、伊達家の寄進である。

語佛師匠が書き記した「味耜高彦根命」は、「アジスキタカヒコネノミコト」と読むが、誰を指すのかはわからない。「耜」は、農地を耕す「鋤」のこと。

注15　泉ノ三郎＝『奥のほそみち』では「和泉」三郎と記録されていて、こちらが正しく、語佛師匠は一字書き落とした。和泉三郎は、平泉の藤原秀衡の三男、忠衡のことで、源頼朝の圧力に屈した兄の泰衡が義経を攻めた時、兄にさからって義経を擁護し、最後は自刃した。江戸時代も、忠義の勇者として語り伝えられていた。

注16　海水を焚いた塩竈＝塩竈神社の末社のひとつに、御釜（おかま）社がある。祭神は塩土老翁で、日本の製塩の元祖とされる。神話で、兄のウミサチヒコから借りた釣り針を失くした弟のヤマサチヒコが浜辺で泣いているところへ通りかかり、竹で編んだ舟に乗せて海の神の許に行かせてやったのが、このシオツチノオキナだ。御釜社では、海水を煮詰めて塩を得る４つの釜を御神体としていて、塩竈という名にふさわしい神様は、こちらの方と言える。

先史時代の遺跡からは、海水をそのまま入れて煮詰める製塩土器が発掘されているが、奈良時代には「藻塩焼き」という製塩技術が開発された。大型の海藻を浜辺に積み上げ、海水をかけては天日に干すことを繰り返して塩分を多く付着させ、それを焼いた灰を海水に溶かしてから煮詰めるという方法だ。海水を入れる容器が「釜」で、その釜を据えた場所が「竈」である。御釜社では毎年7月の例祭で、藻塩焼きの神事を執り行っている。全国で唯一、奈良時代の製塩をそのままの形で伝える行事だ。

語佛師匠は、「竈の水で潮の満ち干を知ることができる」と書いているが、具体的なことはよくわからない。

注17　六丁を一里＝江戸時代の1里は通常36町。1町は約１０９メートルで、36町は３・９２７３キロメートル（約4キロ）となる。しかし奈良時代の1里は３００歩とされ、6町（６５５メートル）だった。江戸時代、36町で1里を「大道」、6町で1里を「小道」という呼び方があり、仙台領内では「小道」が日常生活で使われていた。

注18　正宗様からの霊廟＝仙台藩60万石の初代藩主、伊達政宗。鎌倉時代の守護から続く伊達氏としては、17代目に当たる。国宝である松島の瑞巌寺は、平安時代に天台宗の円福寺として創建され、鎌倉時代に禅寺となったが次第に衰微していた。それを全面的に改築したのは政宗で、瑞巌寺と名を改め、慶長14年（１６０９）に落成した。ちょうど仙台築城で各地から呼び集めていた建築技術者を、瑞巌寺建設にも当たらせた。

注19　石巻＝北上川が石巻湾に注ぐ河口に位置する石巻は、江戸へ米を積み出す港として繁栄した。と言っても、北から南へ流れる本来の北上川は、石巻の手前で東へ方向を変え、雄勝半島の北で追波湾に注いでいる。これを政宗の時代、上流で分流し、ほかの二つの川と合流させる大土木工事を行い、直線的に石巻に導いた。この河川改修によって平野部の新田開発が進んだ。さらに、追波湾から船で江戸を目指すには雄勝半島、その先の金華山沖と暗礁の多い難所が続くが、石巻から江戸までの安全航路が誕生した。これで北上川上流の盛岡藩、さらに八戸藩も蔵米を石巻から積み出すようになった。現在、石巻で海に出る川は「旧北上川」と呼ばれているが、これは明治以降の河川改修で、さらに分流した河川を「新

北上川」としたためだ。

語佛師匠は「一泊した」というだけでそっけないが、当時の石巻は各藩の蔵屋敷が建ち並び、仙台藩の経済と交通の中心地だった。

注20　金華山＝牡鹿半島の沖に浮かぶ、周囲26キロの島。西斜面の黄金山神社は、神仏混淆だった江戸時代は金花山大金寺といい、弁才天を安置していた。修験の寺で、江戸時代になると金華山信仰が広まり、各地から参詣者が集まった。

注21　この山で初めて出た黄金＝『万葉集巻十八』に、大伴家持の「陸奥の国より金を出せる詔書を賀ぐ」と前書きのついた長歌があり、その反歌「天皇の御代栄えむと東なる陸奥山に黄金花咲く」は、よく知られている。語佛師匠の和歌は、この本歌取りである。

陸奥国司の百済王敬福（朝鮮半島の百済の王族で、帰化人）から「金が出た」との報告が届いたのは、天平21年（1749、語佛師匠とは1年ずれている）2月で、東大寺の盧舎那仏の完成を目前にして、大仏の表面を飾る黄金がないことに聖武天皇が悩んでいた絶妙のタイミングだった。間もなく900両（12・6キログラム）もの金（高度な精錬技術のなかった当時は、砂金だったはず）が届き、聖武天皇を歓喜させた。

ただし、この金が出たのは金華山ではない。陸奥国司は「小田郡から出た」と報告している。それは現在の宮城県遠田郡涌谷町で、ここにも黄金山神社がある。神社境内と周辺が「黄金山産金遺跡」（国史跡）となっていて、発掘調査により「天平」の文字のある瓦が見つかっている。江戸時代は、金華山と混同されていたのだろう。

しかし、語佛師匠が「水中に黄金が見える」と書いていることについては、実態がわからない。

注22　高木＝語佛師匠の誤字で、正しくは高城。石巻から仙台への帰途で言えば、松島の手前の宿場。現在はＪＲ仙石線の高城町駅がある。

南部へ向かう

◇古川の「緒絶の橋」

二月二十六日に名残の会を催して二十七日に仙台出立と決めていたのだが、大雪となり、二十九日に仙台を発った。七木田(注1)という所まで花咲連の皆さん、そのほかの方々も見送ってくださり、餞別の狂歌、俳諧もいただいて、ここで別れた。

(扇蝶は国元へ帰りたいと言っていたが、南部からその奥への道案内をさせることになり、扇蝶、馬好と四人連れ(注2)で仙台城下を出発した)

○いくたびかあと戻りする春の旅花咲連に心ひかれて

三月一日、吉岡(注3)という所へ行った。目明しの忠吉殿から奥筋の道々の束ね役(注4)の方々への紹介状(注5)をいただいていて、吉岡では上州屋順吉殿に一晩やっかいになった。そこの橋吉殿は留守で会えなかった。

翌二日は三本木(注6)から古川(注7)へ行き、束ね役の太市殿方へ入った。

三日は、太市殿の世話で十日町(注8)の若い方々が座を立ちあげてくれて、

注1　七木田＝奥州街道の宿場。仙台市泉区。ここで花咲連の人々と1泊した。

注2　扇蝶、馬好と四人連れ＝4人連れのもう1人は、語佛の妻と思われる。「冒頭」に「喜多八ではなく妻を友とし」と書いているが、ここまでの記述に妻の具体的な動向は見られず、こんな人数の記述から妻の存在を推測するしかない。国元へ帰りたいと言った扇蝶は名古屋の人だが、仙台にいた語佛師匠を訪ねて来たのは松前まで行っての帰りだったので、語佛師匠一行が向かう南部への道をよく知っており、案内を頼んだのだろう。

注3　吉岡＝奥州街道の宿場だが、伊達氏一門の但木氏の居館があった。黒川郡大和町吉岡。

注4　束ね役＝原文は「〆り役」。仙台藩には「物置〆役」、「肴蔵見届本〆」など、いくつか「〆」の字がついた役職があった。いずれも末端の現場責任者というほどの軽い役目だったようだ。「〆り役」は「しまりやく」と読むしかないが、藩の公職名に準じたのであろう。いわゆる「町の顔役」と訳した方が現代人にもイメージがつかみやすいと思われるが、時代劇などではしばしば「悪役」

五日間の寄席興行をしたが、予定より二日延長して七日興行となった。

それから三日町（注9）の徳兵衛殿というお宅で二晩興行した。

ここには、「緒絶（おだえ）の橋」（注10）という歌枕があり、その橋守の柏庭という方の家に、ここを訪れた人々の句帳があった。柏庭さんは風流な人で、出会った人といつでも歌仙（俳諧や和歌の会）を開いているという。

（柏庭というお方は本名を紺野直之輔とおっしゃって、庄屋なども務めておられる（注11））。

緒絶の橋というのは、奥州志太郡稲葉村と大梯村の間に架かっていて、幅は四間（約7・2メートル）、長さは六間（約10・8メートル）あり、往時より「緒絶の橋」と名付けられている。しかしこの場所の誰もが、なぜそう呼ばれるのか理由を知らない。橋のたもとに柳の木が一本あって、これを「玉の小柳」という。

（柏庭殿の句帳には）ここに立ち寄られた大名の和歌、発句も数多く残されていて、その一つ、二つを書き写した。


　もろびとの言葉の露やしら玉の緒絶の橋にかけてあまれる

　　　羽太安芸守様　正養（注12）

（この橋を訪れたすべての人の残した言葉が珠玉の露となって橋か

と同義語の印象があるので、「束ね役」と訳した。
注5　紹介状＝原文は「廻文」。仙台の目明しの忠吉が、語佛師匠の旅に支障がないよう、道筋の「〆り役」諸氏あての紹介状を持たせたのである。個別のあて名ではなく、そのたびに見せる1枚の書状だったので「廻文」なのだ。この紹介状だけで、語佛師匠が各地で寄席興行もできたのは、当時の目明しのネットワークが緊密だったことを物語っている。
注6　三本木＝奥州街道の宿場。19世紀初期の文化年間、家数100軒余というから、宿場町としては大きい。現在は大崎市三本木町。
注7　古川＝戦国大名大崎氏が割拠した大崎地方の中心地で、旧古川城は大崎氏の家臣、古川氏が居城とした。江戸時代は伊達氏の直轄。現在は大崎市で、市役所は古川七日町にある。
注8　十日町＝大崎市古川十日町。興行が二日間延長となったのは、江戸落語が好評だったのだろう。
注9　三日町＝大崎市古川三日町。十日町も三日町も昔からの古川の中心街。
注10　緒絶の橋＝藤原道雅の「みちのくのおだえの橋や是ならんふみみふまずみこころまどはし」（後拾遺集）によって京の都の歌人に知られた歌枕。この歌は、三条天皇の息女、当子内親王とひそかに相思相愛となったことが天皇を激怒させ、仲を割かれた道雅が悲恋を詠った連作の一首。こ

らこぼれ落ちるほどだ）

名にも似ず旅も絶へぬや橋すすみ　　南部信濃守様　鳳扇（注13）

（緒絶の橋という名であるのに訪れる旅人が絶えることはなく、橋の上で涼んでいる）

　雪中を鷹狩に出て、ここに宿を求めた朝

旅人のゆきき緒絶の橋の名も雪にあらわすけさの通い路　　奥州の太守　吉村（注14）

（行き交う旅人も、緒絶の橋という名も、一夜の雪がやんだこの朝ははっきりと見える）

　弥生中の十日古河に宿りけるに故羽林吉村公の御詠歌を拝吟して

鳥の跡にむかしの名のみ残すらんをたへの橋はよし朽ちるとも　　一関様　村隆（注15）

（緒絶の橋が朽ち果てることになろうとも、雪の朝に旅人の行き交うのを見たという仙台の吉村公の歌を拝すと、旅人の足跡ではないが鳥の足跡にも吉村公の名だけは思い出されるであろう）

の歌の次に、百人一首に採られた「今はただ思ひ絶えなむとばかりを人づてならでいふよしもがな」がある。

「緒」は、玉を通すひものことで、百人一首の「玉の緒よ絶えなば絶えねながらへば忍ぶる恋の弱りもぞする」（式子内親王）のように「玉の緒」というのが元来の形だが、「玉」が「同音の魂をつなぎとめる緒の意から、命そのものをいうようになった」（大岡信『百人一首』）という。平安時代の和歌には、こういう連想ゲームのような言葉が多く、「緒が絶える」とは命が消えるという意味で、恋人を失った藤原道雅が「いっそ死んでしまおうか」と思い詰めた心理を詠ったのが、「みちのくにある緒絶の橋は今の私のことであろう、一歩を踏み出そうか、踏み出すまいか、心をまどわせる」というような意味の「緒絶の橋」の歌なのである。

大崎市役所の近く、三日町と七日町の間を流れる小川に、今もこの名の橋があるが、なぜこの橋を「緒絶の橋」と名づけたのか、だれが名づけたのか、そして京都にいた藤原道雅がどうして「みちのくに緒絶の橋がある」と知ったのか、さっぱりわからない。

注11　本名を紺野直之輔＝この部分は、原本では語佛師匠が乞われて句帳に和歌を書きつけたあとに記載されているが、本文の流れを整えるために、ここに場所を移した

陸奥の緒絶の橋は絶えずしもまた帰りこん旅の衣手　同

（緒が絶えるという名前ではあるが、みちのくの緒絶の橋が絶えることはないだろうから、私は参勤の旅の途中でまたここに帰って来ることだろう）

天保癸巳（四年）の晩春、古川の駅に馬を止めた。ここに有名な橋があると聞いたので

菊の花や橋詰こして田甫道　松前公　維嶽（注16）

そのほか句帳の一、二句を記す

軒渡る蔦の緒たへや軒ひとつ　雪中庵蓼太（注17）

行人のをたへや我を秋のくれ　鳫窓

みじか夜や夢も緒絶の橋の音　暮面庵暁堂

柏庭の主人が新しい句帳を取り出して、私にも何か書いてくれというのを断り切れず、句帳の端に書きつけた。

○をたへとは文見て知りぬ陸の奥名も古川に橋のありとは

注12　羽太（はぶと）安芸守正養＝旗本で、箱館奉行、松前奉行を歴任。享和元年（1801）に東蝦夷地・国後を巡視したが、安芸守となったのは享和2年。文化元年（1804）と3年に箱館に在勤したことがあり、古川で句帳に歌を書き記したのはこのどちらかの年と思われる。

注13　南部信濃守＝盛岡藩主南部氏で信濃守となったのは3人いるが、年代的に見て「鳳扇」は12代利済（としただ）と思われる。

注14　奥州の太守　吉村＝「奥州の太守」と名乗れるのは、仙台藩主伊達氏だけ。吉村は5代藩主で、在位は元禄16年（1703）～宝暦元年（1751）。

注15　一関様　村隆＝一関藩4代藩主、田村村隆。在位は宝暦5年（1755）～天明2年（1782）。実父は仙台藩五代藩主吉村。羽林は近衛府の漢名。伊達吉村と、田村村隆の歌があることから、この句帳はかなり古くから書き継がれて来たことがわかる。

注16　松前公　維嶽＝松前藩主で年代的に合致するのは、九代章広（あきひろ）、十代良広、十一代昌広の3人。良広は病弱で江戸を離れたことがないままに没したので、句帳の主は章広か昌広のどちらかと思われるが、特定できない。

注17　雪中庵蓼太＝大島蓼太。芭蕉の主要な弟子「蕉門の十哲」のひとりである服部嵐雪の孫弟子。享保3年（1718）～天明7年（1787）。

（緒絶の橋という歌枕は昔の人が書いたものを読んで知ったが、みちのくに来てみると地名も古い川という所にその橋があったということには驚かされた）

◇平泉へ

三月十日に古川を発ち、ここから荒谷(注18)、高清水(注19)、築館(注20)、沢辺(注21)、有壁(注22)を経て一関(注23)まで行き、伊勢半殿(注24)からの手紙に従い、千葉新助殿という人……これは狂歌師で、掌善坊友明というそうだが……を訪ねたが、留守で会えなかった。それから山ノ目(注25)の束ね役の藤吉という人を訪問した。藤吉殿の世話で三晩座敷興行をして、三月十四日、山ノ目を発ち、前沢(注26)から水沢(注27)へ行った。

山ノ目から二里半ほどの所に高館(注28)がある。ここは昔、源義経公の館があった跡で、義経大明神という社がある。これを判官館とも言うそうだ。芭蕉の句碑がある。

　夏草や兵者どもが夢の跡

○兵ものの夢の跡とし来て見ればさて目のさむる山のありさま

　（芭蕉翁が「夏草や兵ものどもが夢の跡」と詠じた高館に来てみると、今の山のありさまを見ただけでも歴史絵巻が心に浮かんで目の覚める心

当時の世俗化した俳諧に対し、芭蕉の俳風への復帰を唱えた。「世の中は三日見ぬ間に桜かな」の句が、「三日見ぬ間の」と読み違えられた（句意がまったく異なる）形で、現代人にも知られている。

　語佛師匠が書き写したのは、蓼太の没後からでも50年以上経過しており、この句帳の古さがわかる。そのあとの二句の作者は、語佛師匠も知っている当時の著名な俳諧宗匠と思われるが、詳細は不明。

注18　荒谷＝奥州街道の宿場。大崎市古川荒谷。商人宿が1軒あるだけの小さな宿場だった。

注19　高清水＝奥州街道の宿場。栗原市。

注20　築館＝奥州街道の宿場。本陣があった。栗原市築館（旧築館町）

注21　沢辺＝奥州街道の宿場。1・5キロ先に金成宿があり、そちらが本宿だったらしい。栗原市。

注22　有壁＝奥州街道の宿場。これより北の大名のほとんどが有壁で一泊した。旧本陣が国史跡に指定されて保存されている。栗原市金成有壁（旧金成町）。

注23　一関＝田村氏3万石の城下町で、奥州街道の宿場。ただし、一関城跡（釣山公園）は中世の城郭跡で、田村氏は築城を許されず、屋敷を構えていた。

注24　伊勢半殿＝花咲連の1人、仙台・国分町の伊勢屋半右衛門。

地がする）

そこから一里ほどの桜川という所に茶屋が二軒あり、ここから中尊寺へ登るのである。中尊寺の寺領は五十石で、本尊は阿弥陀如来。薬師堂があり、弁慶の像があり、亀井六郎と片岡八郎の笈もある。(注29)開基は行誉上人。弁天堂に紺地の仏像の掛軸が十三幅あった。光り堂久蔵寺は（藤原）清衡、基衡、秀衡（三代）の菩提所で、霊廟である。

本尊は観音様で、七宝を巻いた柱があり、扉は残らず金を塗ってある。それが光り輝くので「光り堂」(注30)というのである。八十年も雨ざらしになっていたそうだが、今は鞘堂が覆っている。経堂は清衡、基衡、秀衡三代の寄進で、紺地に金泥で書いた経文がある。一万巻ずつ三万巻あるが、秀衡の納めた経文は竹紙である。ここにも芭蕉の句碑がある。

五月雨のふりのこしてや光り堂

〇世にふりし昔ながらの光り堂今にその名もかがやけばとて

（長い年月を経てはいるが、光り堂は昔のままに、今もその名のとおり輝いていることよ）

注25　山ノ目＝奥州街道の宿場。気仙沼方面への今泉街道の分岐点。「山目宿問屋跡」が残されている。一関市山目。

注26　前沢＝奥州街道の宿場。奥州市前沢区。現在はブランド牛肉「前沢牛」で知られる。

注27　水沢＝奥州街道の宿場。胆沢地方の中心地で、江戸時代は伊達一門の留守氏が城主となったが、正式の城はなく、「水沢要害」と呼ばれていた。当時の武家屋敷が残っている。合併して誕生した奥州市の市役所は水沢区にある。

注28　高館＝平泉町平泉高館。藤原秀衡が、頼って来た源義経のために居館を与えた場所が、北上川を見下ろす丘の上だった。文治5年（1189）4月、秀衡の子、泰衡に襲われた義経一族の最期の地。現在の高館は東半分を北上川に削られて、義経の当時とも、芭蕉や語佛師匠が訪ねた当時とも様相は変わっているが、北上川の対岸に桜の名所・東稲山（たばしねやま）を遠望する景観は変わっていない。

注29　亀井六郎と片岡八郎＝最後まで義経に従い、高館で討ち死にした忠臣。

注30　光り堂＝中尊寺金色堂（国宝）は、奥州藤原氏百年の栄華の祖、初代清衡が建てた阿弥陀堂だ。付近一帯で産出した金で堂の内外すべてを覆い、建築当時はまばゆい光に満ちていた。堂内には、清衡、基衡、秀衡3代の遺体（ミイラ）が安置されている。中尊寺の建築物の多くがその後の

この山の下に衣川が流れている。中尊寺奥の院はここから二里余。そこに達谷の窟(注31)、そしてイツクシの滝がある。高さ一丈（3・3《メートル》）の大石があり、一本の桂の大樹がある。

この夕方、水沢三本木という所の束ね役、善助殿と申す方の家に落ち着いた。さっそく善助殿の世話で五日間の寄席興行をした。水沢には吉三郎(注32)の墓がある。それは萬日寺という寺の敷地内で、お七の菩提を弔うために諸国を回った吉三郎が、ここに庵を結び、生涯を終えたと言い伝えられている。

中興来ノ誉地阿闍梨和尚、延宝十二年未の年三月十七日(注33)

○いかばかりかたき契りや水沢へ流れ来てさへ残る石碑

（どれほど固く誓い合った仲だったのだろうか、漂泊した末に来たみちのくの水沢にまで墓が残っているのだから）

◇岩谷堂に寄り道

十七日、水沢を発って岩谷堂(注34)という所へ行き、そこの束ね役、可平殿と申される方の家に落ち着いた。さっそくお館（岩谷堂伊達氏）に呼び出され、紹介された。（この日）清兵衛殿とおっしゃる方が訪ねていらっしゃった。この人は、先年、我らがこの地に来た節(注35)、いたっ

火災で焼失したが、この金色堂と、経蔵（国重文、語佛師匠は経堂と書いている）だけは奇跡的に創建当初の姿を残している。

現在の金色堂の鞘堂は昭和40年に建設されたコンクリート製だが、語佛師匠が「八十年も雨ざらしになっていた」のを覆ったと書いている旧鞘堂（国重文、鎌倉時代の建築）も、経蔵のそばに移築されて現存している。

注31　達谷の窟＝岩窟に建てた西光寺の毘沙門堂があり、本尊は、坂上田村麻呂が京の鞍馬寺から毘沙門天を勧請したと伝えられる。JR東北本線・平泉駅から南西に7キロほど。現在の毘沙門堂は昭和36年の再建。

注32　吉三郎＝「八百屋お七」の恋人。大火で焼け出された一家が身を寄せた寺の小姓と恋に落ちた「お七」が、その若者に再会したい一心で自宅に放火し、天和3年（1683）火あぶりの刑となった江戸の八百屋の娘「お七」。これを題材にして井原西鶴が『好色五人女』を書き、その恋人の名を「吉三郎」として以来、歌舞伎、浄瑠璃などさまざまな演目になった。実際に「お七」と恋仲になったのは、山田佐兵衛という人物で、寺の門番の息子の吉三郎が「お七」に放火をそそのかしたという記録（馬場文耕の『近世江都著聞集』）もあり、吉三郎のエピソードはすべて創作だ。「吉三郎の墓」は各地にある。

注33　延宝十二年未の年＝延宝という年号は9年

て心安くした方で、その際、私が持っていた中国の扇を無心されたのでお譲りしたが、今でも私らの記念だからと大事にしてくれている。もはや私らも五十余歳になり、この人も五十余で、命があればまためぐり会いたいものだと、毎日遊びに来てくれた。

可平殿の世話で五日間、寄席興行をして、それから座敷興行もして、岩谷堂には四、五日いた。その間、この近くの土沢という所に、石蛤といって蛤の形をした石があると聞き、可平殿とそのほか二、三人で行って拾って来た。その帰りに大名長根という所に出た。ここは一里四方が広々と平らな場所で、折しも一面にツツジが咲き乱れ、その美しさは筆舌に尽くしがたい。ここで弁当を広げ、終日楽しんだ。

○ひろひたる石蛤を肴にてつつじも酒の色に出にけり

（拾って来た蛤の形の石を鑑賞するのを酒の肴にしていると、咲き乱れるつつじも赤らんで、共に酒を飲んでいるようだ）

（1681）までで、12年は存在しない。近辺の末年は延宝7年（1679）と元禄4年（1691）。延宝年間は「八百屋お七」の事件が起きる前であるし、「誉地阿闍梨和尚」とは誰のことなのだろうか。吉三郎の伝聞のあとに、なぜ語佛師匠がこれを書き留めたのか、よくわからない。

注34　岩谷堂＝奥州街道から分かれて気仙沼方面へ向かう盛（さかり）街道（気仙街道）の宿場。仙台領の北辺に位置し、伊達氏一門の岩城氏が治めていた。旧江刺市の中心街で、現在は奥州市江刺区岩谷堂。

注35　先年、我らがこの地に来た節＝語佛師匠は、各地で旧知の人に再会している。前にもみちのくを旅したことがこの言葉からわかるが、それがいつ、どんな道筋だったかは不明。

盛岡に一か月滞在

◇南部領に入る

四月一日、岩谷堂を出発し、ここからが南部領となる鬼柳(注1)という所に出て、関東元吉とおっしゃる束ね役の家に一泊した。この人とは、水沢の善助殿の家でお近づきになった。もともと関東の人で、一晩語り明かしてしまった。

鬼柳は南部の入口で、御番所がある。ここから一里ばかりの黒沢尻(注2)には、宿屋の鬼孫七という人がいる。先年、ここを通った時にお世話になったので、お訪ねしたのだが、鬼孫七さんはご夫婦ともすでに故人となられ、その娘さんだけが一人で暮らしておられた。

そこから花巻(注3)という所に出て、その夜は石鳥谷(注4)に泊まった。

三日は、石鳥谷から盛岡城下の入口にある津志田(注5)という所を通った。三十年ほど前、江戸に佐川東幸という落語家がいて、この人は南部の出身だったが、病気で腰が立たなくなり、故郷へ引っ込んでここに遊郭を開業した。当時の津志田には遊郭が二十軒ほどもあり、東幸の女

注1　鬼柳＝現在の北上市鬼柳町。奥州街道の宿場で、盛岡藩の関所があった。その直前に、宿場ではないが仙台藩の相去（あいさり）番所（北上市相去町）がある。豊臣秀吉の大名再配置で隣り合うようになった伊達氏と南部氏は境界争いを繰り返し、江戸幕府の仲介で藩境が確定するまで50年もかかった。境界線は奥羽山脈から太平洋までの１３０キロに及び、大小合わせて４６０か所もの藩境塚を築いた。その中でも奥州街道が通る相去と鬼柳は、両藩とも最も重要な関門と位置付けていた。

注2　黒沢尻＝現在の北上市の中心街。和賀川を舟で越えた所にある奥州街道の宿場。和賀川はすぐ下流で北上川に合流していて、黒沢尻は舟運の基地として栄えた。

注3　花巻＝花巻市。奥州街道の宿場。南部氏の家臣、北秀愛（きた・ひでちか）が城代を務めた花巻城があった。

注4　石鳥谷＝花巻市。奥州街道の宿場だが、花巻から石鳥谷を経て現在の紫波郡紫波町までの14キロは、江戸中期に整備されたほとんど直線の道路

房は三味線を弾くので芸者を育て、「南部吉原」と名付けてとてもにぎやかで、東幸の店にも遊女は三、四十人、芸者も十人はいた。盛岡から駕籠で通う人もいたそうだ。我らも、東幸が故郷に帰って二十四、五年後に行ってみた時には、まだ遊郭は五、六軒も残っていた。今では遊郭は取りつぶしになって、みな普通の民家になっていたが、今でも二階に赤く塗った格子などが残っている。

そこから川原町[注6]という所へ出た。ここには舟を浮かべた橋[注7]がある。幅三十間（約35メートル）の川の両岸に太い杭を打って鉄の鎖で舟をつなぎ、その上に板を敷き並べて手すりを付け、所々を馬がすれ違えるように幅を広くして、馬も駕籠も渡ることができる橋である。大水が出た際には、この鎖が切れて、橋にしている舟が仙台領の石巻まで流されたこともあるという。

◇盛岡に到着

昼頃、盛岡の八幡町に到着した。

（仙台領では、金・銀の藩札[注8]が通用し、一分札や二朱札[注9]があった。一分札を「一切れ」と呼んでいて、その両替で二朱もうける商人もいれば、損する者もいた。銭は仙台通宝[注10]があるが、南部の入口からは仙

で、「奥州新街道」と呼ばれていた。語佛師匠は触れていないが、見事な松並木が続いていたという。また、江戸初期に南部領へ進出した近江商人村井氏が・石鳥谷で酒造業を始め、今も酒蔵が多い。伝統の南部杜氏は今も東北地方だけでなく、北海道から九州まで各地の酒蔵で活躍している。

注5　津志田＝盛岡市津志田。盛岡藩が、城下にあった遊郭を北上川対岸のここにまとめて移転させたのは文化7年（1810）のこと。江戸にいた落語家の佐川東幸が「三十年ほど前、故郷へ引っ込んで遊女屋を開業した」というのも、年代的に合致する。盛岡藩では、津軽から移住して来た人たちを津志田に住まわせたので、津軽町とも言われた。盛岡藩ではその後、嘉永7年（1854）に再び遊郭を移転させることになるが、「奥のしをり」の記述からは、それよりだいぶ前にさびれていたようだ。しかし、津志田の大国（だいこく）神社には、最盛期の遊郭の楼主や遊女が奉納した、遊郭の様子を描いた絵馬が保存されていて、往時のにぎわいを知ることができる。

注6　川原町＝北上川を渡って、現在の盛岡市南大通り3丁目。ここは藩主の参勤交代の際、家老以下が送迎する場所で、近くの円光寺（太平洋戦争末期、ポツダム宣言の受託など終戦処理に尽力した米内光政の墓がある）までは奥州街道の道幅が広かった（円光寺から北の、大きな寺が集まる大慈寺町にかけては、城下町特有の複雑な道筋が

台の藩札はそのままでは通用せず、銭は「仙台の浅黄銭」(注11)と呼ばれ、なんとか通用したものの、馬子なども駄賃の銭をやると一文ずつ確認し、仙台の銭が一文でも混ざっていると「これは半値だ」などと言う。仙台の一分札は六百文、二朱札は二百文くらいに換算された。(注12)この相場は時々上下し、仙台の銭は石巻で鋳造するのだが、鋳物があまり上等ではなく、古びて模様の消えかかった銭(注13)より悪いとされ、百文の中に三、四文混じっていても、はじかれて受け取ってくれない。旅の途中で取り換えればよかったのにと言われて、困った)

盛岡では、目明しの高橋和吉殿を訪ね、和吉殿の指図で左官の鉄之助殿という方の家に落ち着いた。この前盛岡に来た時(注14)には、及川藤蔵殿という人を訪ね、その後は甚助という人の家に行ったのだが、お二人とも故人となっておられた。今回世話になった鉄之助と申すお方は江戸の人で、三十年よりもっと前にこの国へ来て婿養子になられた。今は子供もいて、盛岡のお殿様の御用も務めている。お内儀ともども本当によい人柄だ。また、高橋和吉殿は目明しとしては珍しく、書物がいたって好きで、書店も及ばぬほどの蔵書を家に積み重ねている。私が訪ねた時には、源氏物語を読んでおられた。盛岡滞在中は時々、

残っている)。川原町は、北上川水運の基地でもあり、問屋や小売店が軒を連ねていた。

注7　舟を浮かべた橋＝北上川南岸の盛岡市仙北一丁目から北岸の南大通り二丁目には現在、明治7年に架けられた明治橋（当初は木造）があるが、それ以前は少し下流に舟をつないだ「新山舟橋」（しんざんふなばし）があり、それを渡って盛岡城下に入っていた。この上流で雫石川が合流する北上川は、川幅が広く、水量も多いために江戸時代の技術力では橋を架けらず、天和2年（１６８２）に大舟18艘、中舟2艘をつないで並べ、上に厚い板を敷いて橋にした。しかし、語佛師匠が書き留めているように、大水害で流されることもあって、しばしば川止めになった。「奥のしをり」の旅の天保13年（１８４２）には5回も川止めになり、その2年前の7月には14日も通行できなかった記録がある。

注8　金・銀の藩札＝仙台藩は、「伊達騒動」が起きた時の4代藩主、伊達綱村がぜいたくで23万両もの借金をこしらえた。その赤字対策として、藩内だけで流通する藩札（紙幣）を大量に発行した。しかしそのために物価は高騰し、赤字は逆に43万両にも達した。5代吉村以降の仙台藩はこの赤字解消に悩み続けることになった。

天明4年（１７８４）4月からは、銀札を発行した。15匁札、7匁5分札、3匁7分5厘札の3種類で、同時に正規の通貨の使用を禁止し、藩札

その講釈さえ聞かせていただいた。和歌などもなかなか上手に詠まれ、まことに目明しに似合わぬ人物である。

その息子は、肴町という所で五間間口(注15)の道具屋を営んでいる。もともと高橋和吉殿は裕福な家の息子で、「目明しは道楽で仰せつけを受けた」とのことだ。

津志田の遊郭が取りつぶしになった後、八幡町に御免茶屋と呼ばれる遊郭が八、九軒もできた。故人となられた及川殿の家の跡地も、今は東屋という遊郭になっていた。芸者の見番(注16)もあり、鉄之助、伝十郎、松五郎などという方々が、見番をひと月交代で務めておられるそうだ。

芸者は、江戸から来た文字八尾という人が師匠で、その娘に歌文字という人がいる。その門人の文字八登は、源助という人の娘だ。文字八幡、伝十郎の娘の文字とわ、そのほか芸者は八、九人もいるという。

また、盲人で、御城へさえ上がることのある名所都、菖蒲都、采女都(注17)などという人たちがいて、いずれも豊後長唄の芸人である。

そのほか、御国浄瑠璃というのを語る盲人が数多くいる。

八幡町には芝居小屋があり(注18)、座元は鎌倉玉左衛門、頭取（楽屋の監督）は西国伝十郎、若太夫、亀之丞と申される。黒沢尻の佐太郎という人が太夫元(注19)で、市川団之助、中村次郎三、中村粂次郎、嵐橋太郎、

を正規の通貨に両替することも禁じた。だが商人たちはこの不換紙幣を拒否し、正規の通貨を隠匿したため銀札は暴落し、まったく使われなくなった。わずか5か月後の9月には、正規の金との両替を復活することになる。


注9　一分札や二朱札＝貨幣の単位である1分や2朱に相当する藩札。江戸時代は金、銀、銭の3種類の通貨があった。金貨は1両が基本単位で、1両は4分、1分は4朱になる。

　金貨は額面で通用したが、銀の地金を切り分けたことに由来する銀貨は、伝統的に重さを量って価値を決めていた。しかしこれでは計量するのが大変なので、江戸初期に丁銀（43匁＝１６１・２５《グラム》）、豆板銀（３・５匁＝１３・１２５《グラム》）の定量銀貨が登場した。

　金貨と銀貨、それに日用に使われる銭の換算率は、寛永2年（１６２５）に、「金1両＝銀60匁＝銭4貫文」（銭1貫は１０００枚で、真ん中の穴にひもを通してひとまとめにした）と定めた。しかし実際には、金貨、銀貨、銭はそれぞれ別個の体系を持っていて、現在の円とドル、ユーロなどとの外国為替相場と同じように、互いの換算には相場が立った。江戸では金本位、関西では銀本位という商売の慣習があったほか、時代が下るにつれて金の含有量を減らした小判に改鋳され、金や銀の実質価値で換算する必要が生じたことなどが理由で、江戸時代の通貨の仕組みは非常に複雑

市川門蔵などが来ている。坂の上という所で、相撲を興行している。これは鶴ヶ峯が立元、行司は永瀬越後という人で、烏帽子、直垂姿で行司を務めている。土俵は四角に築いている。

八幡宮の境内はことのほか広く、八月十五日の祭礼では流鏑馬(注20)が行われる。一の矢は、京都まで行っていただいて来るそうだ。

四月四日は、鉄之助殿の隣の中村屋という御免茶屋に、和吉殿、与助殿、文七殿、源助殿、松五郎殿が参られた。この方々は水事師といって、芝居や寄席の世話人である。その人たちが相談して決めた願主は、御駒太夫こと加藤京助殿といって、神主である。落語、講釈、八人芸などはみなその方々が興行許可の願いを出す。

(浄瑠璃、豊後節、新内節などは、鈴江四郎三郎という芸者の頭役が願主となる)

八幡町の木戸をひとつ越えて、生姜町の神明様の境内は土手を築いた弓場になっていて、十五日間と限って興行が行われる。この弓場は、和吉殿の弟で、ふだんは寿司、小料理を営む人が、興行の際には寄席に建て替える。(注21) いつでも大入りになり、昼間は芝居、相撲があって、寄席は七つ(午後四時)過ぎから行いたいと願ったところ、昼の八つ

だった。

注10　仙台通宝＝仙台藩では5代藩主吉村の享保11年(1726)、「藩内で産出する銅に限る」との条件付きで、正規の寛永通宝と同じ銭を鋳造する許可を得た。石巻で享保13年から銭の鋳造を始め、15年間で37万9769貫の銭を作った(正規の換算率の4貫文＝1両で計算すると、9万4942両1分)。その後半になると、「仙」の刻印もしない粗製乱造で、領外にはまったく出させなかったので、藩財政を黒字にするほどの収益を得たという。

その後も銭の鋳造は続けられ、粗悪な鉄銭まで作った。天明4年(1784)7月からは、領内だけで通用する「仙台通宝」を鋳造し始めた。角ばった形で、3文が正規の寛永通宝の1文にしか通用しない劣悪な銭だった。仙台通宝は3年間で60万貫(基本的な換算率では15万両)も作った末に鋳造を中止したが、語佛師匠の記述から、その後も領内で使われていたことがわかる。

注11　浅黄銭＝浅黄(あさぎ)は「浅葱」とも書き、薄い藍色を「浅葱色」という。藍染の中で最も安上がりな布で、参勤交代のお供で江戸に上った下級武士の羽織の裏地の多くがこの色だったので、吉原の遊郭などでは田舎の貧乏侍を軽蔑して「浅葱裏」と陰口していた。仙台藩の銭を「浅黄銭」と言うのも同様の蔑称。

注12　一分札は六百文、二朱札は二百文くらい＝

半（午後三時）ごろから客が集まり始め、定刻の七つ時分には前座咄(注22)が済んでしまった。日が暮れるころに最後の咄(注22)にかかり、五つ（午後八時）には高座を終えてしまった。

文字八尾をはじめとする芸者衆からご祝儀をいただき、芝居の役者の中にもご祝儀をくださる方がおられた。八幡町の若い衆からは水引(注23)をいただき、御免茶屋の方々からは高座の後ろ幕(注24)をもらった。

寄席が大入りだったので興行の延長を願い出たが、少々差支えがあって日延べはできなかった。それで残念ながら、当初の予定通り十五日間でおしまいとした。

それからは、文字八尾の世話で、連日お座敷を務めた。

金山(注25)のお役人で、宮両助様、加藤新助様、そのほか船越助五郎様とおっしゃられる方々は、昔からひいきにしてくれていて、次々にやって来るので、盛岡に長々と逗留することになった。

私が江戸で弟子にした虎橋というのがいたが、これは盛岡の人で、その妹が訪ねて来た。また、音羽屋吉(注26)という芝居の道具師……これは江戸の人で音羽屋の身内だったのだが……冬の雪の中を津軽で山越えした際に、足の指が残らず落ちてしまい(注27)、与助殿の世話になっている者で、毎日私のところへ話をしに来た。

仙台藩の藩札が信用されていなかった具体例。幕府の基本的な換算率では、1分は銭100文、2朱は銭250文だが、両替の手数料を差し引いても安く扱われていた。

注13　古びて模様の消えかかった銭＝時代劇でしばしば「びた一文」という言葉が出て来るが、漢字では「鐚」と書き、劣悪な貨幣のこと。具体的には「古びて模様の消えかかった銭」。現代の日本では、古い貨幣を回収して代わりに新しい貨幣を流通させているが、江戸時代はそういう仕組みがなかったので「鐚銭」が出回っていた。

注14　この前盛岡に来た時＝津志田で遊郭を開業した落語家、佐川東幸との関係から、「奥のしをり」の旅の5、6年前に語佛師匠が盛岡を訪れていたと推測できる。

注15　五間間口＝5間は約9メートル。通りに面しての5間間口は、大店の象徴。

注16　見番＝芸者を呼び出す取り次ぎや、芸者への支払い清算をする事務所。

注17　名所都、菖蒲都、采女都＝いずれも芸名で、菖蒲は「あやめ」、采女は「うねめ」だが、「名所」と「都」の読み方がわからない。その人たちの芸を「豊後長唄」としているが、浄瑠璃語りから発展した「豊後節」も、歌舞伎踊りの伴奏音楽から始まった「長唄」も天保時代には座敷芸に大衆化していて、両者を融合させた芸があったと推測される。

注18　八幡町には芝居小屋があり＝盛岡八幡宮の一帯が八幡町。元々は盛岡城内にあった鳩森八幡（来歴不詳）の「御旅所」を寛文11年（１６７１）、城外の現在地に設けたのが始まりで、ここに馬場も設けた。社殿を建立したのは延宝7年（１６７９）で、同時に一般庶民の参拝も許されて以後、盛岡で「祭り」と言えば八幡宮の祭りを指すようになり、そのうちに「御免茶屋」と呼ばれる遊郭もできるなど、八幡町一帯が繁華街になった。仙台にはない常設の芝居小屋が盛岡にできたのもうなずける。

注19　太夫元＝役者の派遣元。現代で言えば、いわゆる「呼び屋」。

注20　流鏑馬＝馬を走らせながら、騎乗のまま弓矢を的に当てる技。平安時代末から弓の技量を競う武士の間で流行し、鎌倉の鶴岡八幡宮では神事となった。一時は姿を消し、江戸では8代将軍徳川吉宗の享保13年（１７２８）、高田馬場で盛大に復活させたが、盛岡八幡宮で初めて流鏑馬の神事が行われたのは、それよりずっと早い延宝8年（１６８０）、つまり八幡宮の社殿ができて、「祭り」が始まった翌年のことだ。南部領は昔から良馬の産地で、戦国大名の南部氏が盛岡に移る前、三戸を拠点にしていた頃、櫛引八幡宮に流鏑馬神事を奉納していた記録があり、盛岡八幡宮の祭典を機会に復活させたのである。それも、鎌倉時代の古式にのっとった「南部流」だと言われている。

注21　寄席に建て替える＝神明社境内は八幡町に隣接していて、本来は弓の稽古をする場所なので、かなりの広さがあっただろうし、繁華な八幡町から人の流れを呼び込むのも好都合だった。常設の芝居小屋は八幡町にあったので、こちらでは簡単な小屋掛けで寄席興行をしたのだろう。

注22　前座咄、最後の咄＝現代の寄席でも、開演すると最初に前座の落語家が短い咄をする。ばかばかしい笑い話ばかりで、これはこれでたくさんの演目があり、「前座咄」と呼ばれている。それから二つ目、真打と格の高い落語家が登場して、最後は「トリ」となるが、ここではじっくりと聞かせる大ネタを出すのが通例。「奥のしをり」ではこれに2時間もかけたことがわかる。語佛師匠が熱演した一席だったと推測される。

注23　水引＝水引幕。舞台の前面の上、演者の頭上に張る細長い幕。

注24　後ろ幕＝演者の背後を飾る幕。4月3日に盛岡に到着して、翌日には寄席興行の相談がまとまり、実際の興行がいつから始まったか明確な日付はないが、初日までそれほどの日数はなかったと思われる。にもかかわらず、遊郭の関係者から後ろ幕を贈られたのは、前回盛岡に来た時の語佛師匠の高座がよほどの人気で、地元の人々との交際も深かったのだろう。

注25　金山＝「きんざん」ではなく、「かなやま」と読む。鉱山のこと。現在の秋田県鹿角市（秋田県の北東部）は、江戸時代は盛岡藩領で、日本有数の鉱山地帯だった。特に尾去沢鉱山（昭和53年に閉山）は、江戸初期には金を産出し、金が枯渇した後も銅山として栄え、幕府の御用銅を供出した。尾去沢以外にも多くの鉱山があり、盛岡藩は役人を常駐させていた。

注26　音羽屋吉＝音羽屋は、歌舞伎の尾上菊五郎と一門の屋号。そのあとが「吉」だけなのは、「〇吉」という人名の1文字を語佛師匠が書き落としたのではないだろうか。

注27　足の指が残らず落ちてしまい＝ひどい凍傷にかかり、血行障害を起こしたのである。

八戸（現青森県）から鹿角（現秋田県）へ

◇末の松山を見物

五月八日、盛岡を出立して、その夕方には沼宮内(注1)という所に着いた。

（馬好が岩谷堂にいた頃から病気になり、国元へ帰りたいと言っていたので、盛岡から帰した）

沼宮内では、広田屋という宿屋に泊まった。岩谷堂の清兵衛殿から「沼宮内では、近江屋駒吉という人を訪ねなさい」という手紙をいただいていた。この人は当地の富裕な方で、今は隠居しているが、俳諧などをたしなみ、いたって風流なお方だということだ。また、束ね役は喜兵衛殿と申されて、昔はしばらく江戸におられた方だ。このお二人の世話で三晩座敷興行をしてから、十一日に一戸(注2)という所に泊まった。

（沼宮内から一戸へ行く途中に、小繋(注3)という番所があった）

この辺りでは七町を小道一里といい、四十八町を大道一里、または一塚(注4)といい、まことに遠く感じられる道のりだった。

注1　沼宮内（ぬまくない）＝奥州街道の宿場。岩手郡岩手町の中心部。

注2　一戸＝奥州街道の宿場。二戸郡一戸町。

注3　小繋＝一戸町小繋。盛岡城下から北の奥州街道で最初の番所があり、旅人と物資輸送を監視していた。今は番所跡の標柱がある。なお「奥のしをり」原文ではもっと後に小繋の記述があるが、道順に従ってここに移した。

注4　一塚＝「塚」は1里塚のこと。江戸時代の1里は通常36町（約4キロ）でこれを「大道」、6町（655メートル）で1里を「小道」という呼び方があり、仙台領内ではこの距離だったが、盛岡以北ではもう少し長い道のりを大道、小道の1里としていたのだろう。48町で1里は5キロをはるかに超える道のりだから、次の1里塚までを語る佛師匠が「まことに遠く感じられる」と言ったのも無理はない。

注5　福岡＝奥州街道の宿場。岩手県二戸市の中心部。戦国時代末、豊臣秀吉に反旗を翻した九戸政実が九戸城に立てこもり、10万人とも言われた討伐軍のために、籠城した5千人が皆殺しになっ

十二日は、福岡[注5]へ出るのに「末の松山」[注6]を越えた。ここにはその昔、波が越えたという跡があった。ここの松は残らず葉が三枚[注7]で、いかにも波が越えた跡に見える。ここから八戸の入口の観音林[注8]という所まではずっと登り道で、ほんとうに難渋する。「末の松山」から観音林までの間には清水ひとつなく、この辺りではわらびの根を掘って「根花」という物を作るそうだ。

○波越へし昔に今はひきかへて清水だになき末の松山

◇魚類が豊富で安い八戸

十三日、八戸[注9]に到着した。

(八戸には、松前の竹田甚太夫という人の子分の者が来ていた。竹田甚太夫は前々から扇蝶が心安くしていた人で、養子になって講談をやめ、この当時はよき一家の主となっていると聞いていた。子分が言うには、(甚太夫が)自分でお訪ねしなければならないところだが、松前はことのほか不景気で、その上に、旅人が船で渡るのは難しいというので、松前まで行こうと思っていたのだが、それはやめることにした)

八戸の馬喰町の曲師屋林兵衛殿という方へ、盛岡の灯燈屋弁吉殿(文

た悲劇の地でもある。市街地中心部から少し南にその城跡がある。

注6　末の松山＝歌枕。『古今集』の「君をおきてあだし心をわが持たば末の松山浪も越えなむ」(あなたがいるのに、ほかの人に心が移るようなことがあれば、末の松山をさえ波が越すでしょう)という、固い契を約束した歌に登場するが、この歌を本歌とした清原元輔(清少納言の父)の歌、「契りきなかたみに袖をしぼりつつ末の松山浪こさじとは」(互いに泣きぬれながら固く契りあったあの時のことをお忘れではないでしょう。末の松山を波が越えるなどという恐ろしいことは、私に限ってけっしてありません)によって有名になった(清原元輔のこの歌は百人一首にも採られている)。ただし、「末の松山」と言われる場所は2か所ある。1か所は、宮城県多賀城市で、末松山宝国寺に、海辺に近いが決して波をかぶらないと言い伝えられている松の木があり、芭蕉も『おくのほそ道』の旅でここを訪れている。

もう一カ所が、「奥のしをり」の旅で語佛師匠が通った一戸から二戸の境にある峠道。美しい縞模様の地層が露出していて、それが波のように見えることから「浪打峠」と呼ばれる。地質学上はこれを「浪打峠の交差層」といい、また「末の松山層」とも言われる。歌枕ができた平安時代には、都の歌人には未知の地だったはずで、いつ、だれがこの地層から「末の松山」を連想したのかはわ

字八幡の兄）からいただいた手紙を持ってお訪ねし、二晩林兵衛殿の家に泊まり、十五日からは荒町の束ね役、清兵衛殿の家に引っ越した。八戸の願主は松太夫という方である。この人は、何年か前に江戸の麻布十番仲町の万屋という方の家にいたことがあり、私も心安くおつきあいしたことがある。

林兵衛殿の娘婿で河内与兵衛という方はたいへん世話好きで、座敷興行などを取り持ってくださり、そのほか、市兵衛殿の西町屋という繁盛している店へ行って、そこの番頭の惣助殿と仲よくなった。この市兵衛殿は、実は河内与兵衛殿の伯父さんである。

鬼柳様と申されるお屋敷へも行ったが、ここには八戸藩の御家老のお身内の方がおいでになるということだった。八戸の南部様はご隠居になられてから（注10）、たびたびこの屋敷へおいでになるそうで、それはご家中の皆様も知っていらっしゃるとのことだ。

八戸はことのほか魚類が豊富で、目の下一尺ほどもある鯛が百五十文くらいで手に入り、鯖、鰯などは一文で十尾も買えるほどだ。

このところ夕立の日が続いていたが、与兵衛殿、そのほか市兵衛殿、惣助殿が同道して湊（注11）というところへ行った。城下から一里ほどの場所である。遊郭が多数あり、大谷屋という店に泊まった。与兵衛殿の女

からない。しかし、奥州街道が整備された江戸時代には、浪打峠を「末の松山」とする説が一般化していたのだろう。浪打峠は今も自動車の通れる道があって、峠の頂上近くに、盛岡城下から15番目の1里塚が現存している。

注7　松は残らず葉が三枚＝松の葉は通常2枚ずつ出るが、高野山の空海ゆかりの松はまれに3枚の葉があり、見つけると縁起が良いと言われている。浪打峠の松の葉が残らず3枚というのは、非常に珍しい。

注8　観音林＝岩手県軽米町。福岡の少し先の堀野から八戸へ通じる「登り街道」が分岐している。福岡から見れば「八戸街道」だが、八戸藩主が参勤交代で江戸へ登る道筋だったので、通称としてこの名が明治以降も使われた。二戸市と軽米町の境界の猿越（さるごえ）峠を過ぎて最初の集落が観音林で、すぐ手前に一里塚が残っている。「登り街道」は、ここから現在の八戸市に至る。

ここで気になるのは、「ずっと登り道」で、「末の松山から観音林までの間には清水ひとつなく」と語佛師匠が書いていることだ。浪打峠から福岡までは下り道だし、浪打峠を過ぎて少し下った所に、明治天皇が野点に使ったという「山下清水」が今もあり、その先の二戸市村松地区には「桜清水地蔵」がある。つまり、語佛師匠の一行は、一戸から2里弱の福岡宿には寄らず、ずっと東側の山道をたどって猿越峠を目指したので、登り道が

房はお熊さんといい、元は遊女で「あら熊」というあだ名だったとか。酒をよく飲み、三味線なども弾いて面白い女性である。ここの遊郭はみんな未亡人がやっていて、藩の御家中や町の富豪の世話になっている。

そこから佐女（注12）（さめ）という所へ行った。ここにも遊郭が十二軒あるという。

湊は鰯網を引き、油を搾る所で、藩の魚油役所がある。ここには芸者（注13）はおらず、遊女がみんな三味線を弾く。そこで「かまどがえし」（注14）という唄を歌ってくれた。道中節の類かと思うが、少し違うようだ。サビのところで琴が入る。海辺を見物したが、まことに風景のよい所だ。

林兵衛殿、松太夫殿、与兵衛殿、そのほか十五人で石手洗という村の川原へカジカ（注15）を聞きに行った。名主の家で大騒ぎして、与兵衛殿の女房のお熊さん、ほかに遊女が二人ほど来て夜を徹して楽しんだ。

その帰りにまたまた湊に寄り、佐女にも行って川口屋というのを訪ね、「山ヨ」という店に泊まった。この辺りは東回りの船（注16）でたびたび江戸へも行くといい、たばこ、茶などを江戸から持ち帰り、私の弟子、

続き、途中にのどの渇きをいやす清水もなかったのではないかと考えられる。そして、八戸に着いたのは13日なので、一戸を発った12日はどこかに一泊したはずだが、それはどこなのだろう。八戸藩主が江戸へ登る時の御仮屋（おかりや）があった観音林だろうか。

注9　八戸＝八戸藩の城下町。八戸藩も南部氏だが、盛岡藩の支藩ではない。盛岡藩10万石の2代藩主、南部重直は寛文4年（1664）、後継者を決めないまま死去した。幕府の法に従えば「無嗣断絶」とされても仕方なかったが、名門南部氏の名跡を惜しんだ幕府は2万石を取り上げ、重直の弟、重信に盛岡藩8万石を継承させた。そして取り上げた2万石を、その下の弟で母方の姓を名乗り、わずか2百石の藩士だった中里数馬に与えて新しい大名に取り立て、八戸を領地として与えた。これが八戸の初代藩主、南部直房である。ところが、「直房がいなければ、盛岡藩は10万石だったはず」という、奇妙な逆恨みを持つ盛岡藩士のために、直房は2年後、暗殺されてしまう。

こうした経緯から、八戸藩は盛岡藩に追従しない独立心が強く、名君が続いたこともあって、戊辰戦争の際には秋田藩に攻め込んだ盛岡藩と距離を置き、最後まで戦争に参加しないなど独自の領国統治を続けた。

注10　ご隠居になられてから＝八戸藩の歴代藩主で、「奥のしをり」が書かれた時期に隠居として

都々逸坊扇歌が作った都々逸の本があった。盛岡などよりも八戸の方がかえって江戸が近いのである。

○台所唐人までもうかれなんわがひのもとのかまどがえしに

○取り組みてさておもしろし金時も酒の相手に負けぬあら熊

◇**鹿角に入る**

二十七日に八戸を発ち、櫛引村(注17)から苫森村(注18)、剣吉村(注19)を経て三戸(注20)に出た。ここでは湖東屋利八殿という宿に泊まった。この人は近江の人で、ここに来て酒造業を始め、今は宿屋もしている。

お代官の役人、佐藤佐仲殿と申される方は盛岡の船越助五郎様に御縁のある方で、我々のことを知っていると申されて、二、三日とどめられ、その間、三晩座敷興行をした。

大雨で出発できかねたという事情もあって、六月一日に三戸を出発し、田子(注21)という村を経て関(注22)という村に泊まった。

六月二日は、御番所のある夏坂(注23)を過ぎて、そこから雷幡峠(注24)という所にさしかかった。この峠は難所で、登りが六里、それから山中を三里という所に一軒家があった。そこから半里ほど登り坂で、やっとここから下り坂になった。山の中は虻が多くて、夏の日中は人の往来がな

該当する人は見当たらない。2万石の小藩なので藩主と家臣の距離が近く、隠居してからは気軽に家臣の屋敷を訪ねた藩主がいたということなのだろう。

注11　湊＝八戸市湊町。新井田川河口の高台は、江戸時代は、回船や漁船が出港する際に沖の天候を見る日和山だった。ここから海寄りの現在の八戸港一帯は、埋め立て地だ。

注12　佐女＝八戸市鮫町。湊から海岸線を東へたどり、ウミネコの繁殖地として知られる蕪島のある辺り。江戸時代は佐女とも表記されたのだろう。蕪島は昭和18年に埋め立てられて陸続きになった。

注13　芸者＝これまでも何回か「芸者」が登場しているが、踊り、三味線、唄を生業とする芸人のこと。遊女ではない。八戸の湊には専門の芸者がいなかったので、遊女が三味線も弾きこなしたのである。

注14　かまどがえし＝「かまどを返す」とは、財産を失くすということ。「道中節の類か」と言っているが、どんな歌詞、メロディかは不明。内容は、民謡「会津磐梯山」の合いの手で「小原庄助さん、朝寝、朝酒、朝湯が大好きで、それで身上つぶした」と謡われるのと同じように、財産を失くした間抜けさを面白おかしく物語ったものかと思われる。

注15　カジカ＝カエルの1種。漢字では「河鹿蛙」。鳴き声が良く、鑑賞のために飼育されることも

くなってしまうそうだ。我々が通った時には、雨模様で虻も少なかったとはいうものの、やはり峠越えは難渋した。

峠からは鹿角の毛馬内(注25)という所を一望できた。この辺りは日が差していても寒く、六月だというのに綿入れを着ている。田んぼなどもやっと今頃一番草を取っている。八戸に比べると、この辺りの家は軒下が広く、巾が一間もあるという。これは雪の季節には通りの往来ができなくなるので、誰でもが軒下を歩く(注26)からだ。雨が降っても傘は不要で、傘を持っている家は珍しいという。

この辺では、「うるい(注27)」というものを漬物にする。また「みず(注28)」という菜がある。これは蛇草とも言って、水清らかな沢に出るもので、これも漬物にするが、「みずとろろ」と言って、たたいてとろろのようにしても食わせてくれる。山ではいちご(注29)がたくさん採れて、売り歩いている。

そこから大湯(注30)へ出て、ここで一泊した。ここは温泉があり、上ノ湯、下ノ湯、川原ノ湯と三か所の湯宿があるが、思いのほか荒れ果てていた。

三日は、毛馬内の剣術師範で二百石取りの山本九市郎様というお武家を訪ねた。これは盛岡の左官、鉄之助殿からの紹介状をいただいて

ある。石手洗は城下の南、新井田川の近くで、一行が前日にいた鮫の海岸からは直線距離で7キロ以上ある。当時の人の足でも片道2時間の距離だが、新暦では6月下旬の梅雨の頃だから「カジカがよく鳴く」と聞いて、風流人たちが足を延ばしたのだろう。

注16　東回りの船＝太平洋岸を江戸まで行く航路の船。江戸から見て東から来るので、東回りという。海防のために寛政11年（1799）、幕府が東蝦夷地（北海道東部）を直轄地とし、航路を開拓してから東回りの回船が頻繁に航行するようになった。北海道や下北半島から日本海を経て瀬戸内海、太平洋を通って江戸に達する西回り航路の方が歴史は古く、北前船はこちらのルートだった。

注17　櫛引村＝今は八戸市内。八戸市八幡に南部一宮の櫛引八幡宮がある。八戸から鹿角（秋田県鹿角市）へつながる道は三戸鹿角街道と呼ばれ、現在の南部町、三戸町、田子町を通る国道104号とおおよそ重なる道筋だ。

注18　苫森村＝「とまもりむら」と読めるが、この地名が見つからない。旧福地村（南部町）の中心地、苫米地のことではないかと思われる。

注19　剣吉（けんよし）村＝旧名川町（南部町）。今はJR東北本線剣吉駅がある。

注20　三戸＝南部氏宗家の居城があった。八戸鹿角街道と奥州街道が交わる大きな宿場でもあり、三戸町同心町にその分岐点を示す追分石が残って

いたからだ。

毛馬内では、畳屋の新之丞という方のお世話で、木村屋喜兵衛という宿に落ち着いた。ここで座敷興行などをして、七日に花輪という所へ向かった。

毛馬内から一里ばかりの所に、根勢大明神というお宮があった。ここは「今日の里」という所だそうだ。スゲで細かく編んだむしろが名産品である。

ここから半里ほどで、歌枕の「錦木塚」(注31)がある。

（錦木塚の由来は、あとで詳しく述べる。ここでは、ただ道筋なので書き記しておくだけにする）

錦木塚は往来の傍らに樹木が生い茂り、その中にある二抱えほどもある大きな石で、馬をつなぐ場所があった。

花輪(注32)では、東屋新助殿と申されるお人の家へ行った。この人は、盛岡の宮両助様のお手紙によると銅山(注33)の支配人であらせられる。

専正寺という寺で三晩座敷興行をした。

花輪は、赤根染、紫根染(注34)が名産で、それぞれの家で染物をして、鹿子、らせん絞り(注35)、そのほか無地などいろいろと染めるのがまことに見

いる。
注21　田子（たっこ）＝三戸町を過ぎれば、秋田県境までは田子町。田子中学校のある高台は、盛岡藩初代藩主の南部利直が生まれた田子城跡だ。
注22　関村＝田子町関。本陣跡、関所跡があるので、近辺では大きな宿場だったことがわかる。
注23　夏坂＝関から少し秋田県寄りで、元は関にあった御番所が慶安元年（１６４８）、夏坂に移された。その跡を示す標柱がある。
注24　雷幡峠＝「らいまんとうげ」と読むのだろう。青森県田子町から秋田県鹿角市へ、現在の国道１０４号・１０３号は北の十和田湖方面へ大きく迂回しているが、江戸時代の八戸鹿角街道は直線的に深い山の中を通っていた。古来、３本のルートがあって、それを総称して来満峠と言う。語佛師匠が「雷幡峠」と書いているのは、当時はそう表記していたのか、当て字なのか不明。江戸時代は、最も北の大柴峠（標高７３１メートル）が主として使われた（明治26年に廃道）。大湯温泉を通る国道１０３号から東へ入った杉林の中（鹿角市十和田大湯字下折戸）に、「中の渡一里塚」が残っていて、当時の道筋がわかる。
注25　毛馬内＝八戸からの街道の終点。中世、毛馬内氏が城館を築き、戦国時代は、檜山安東氏（後の秋田氏）の侵攻を跳ね返した南部氏の最前線基地となった。現在は鹿角市十和田地区の中心で、戦国時代から続くという毛馬内の盆踊りで知られ

事だ。

花輪滞在中は、毎日のように夕立が降り続いた。

花輪の名産、赤根染、紫根染の作業風景

る。

注26　軒下を歩く＝「こみせ」と呼ばれる自然発生のアーケード。鹿角市の中心地、花輪に残っている。雪国では各地にあり、新潟県では「がんぎ」（雁木）と呼ばれている。

注27　うるい＝ユリ科のオオバギボウシの若い葉。独特のぬめりとうま味があり、秋田県では人気の高い山菜。

注28　みず＝イラクサ科のウワバミソウ（語佛師匠は「蛇草」と書いている）。水気の多い所に生えるので「みず」と呼ばれる。山に入らなくても容易に採取でき、天ぷら、汁の実、おひたし、和え物と用途も多彩な山菜。

注29　いちご＝江戸時代から栽培されている石垣イチゴなどのストロベリー類ではなく、梅雨の時期に熟す野イチゴ。秋田県では、黄色い実のモミジイチゴの人気が高い。

注30　大湯＝鹿角市十和田大湯。米代川の支流、大湯川の川岸に温泉がわき出していることが古くから知られていた。縄文時代後期の遺跡である国の特別史跡ストーンサークル（大湯環状列石）が有名だが、発見されたのは昭和6年。語佛師匠の時代に見つかっていれば、必ず立ち寄っただろう。

注31　錦木塚＝歌枕。謡曲「錦木」でも知られる悲恋物語の地。この辺りは古くから「狭布の里」と言われ、都から来たという美しい姫君が、毎日、幅の狭い布を織っていた。この姫に恋した若者が、

楓など美しく紅葉する5種類の木（錦木）の枝を束にして、姫の家の門前に立てた。女がその木の束を受け取れば2人は結ばれるという風習があったのだが、姫を養う翁はそれを許さなかった。若者は999夜、錦木を立てたが願いはかなえられず、自ら命を絶った。姫も病んで、若者のあとを追うように亡くなった。翁は悔やみ、2人の遺体を一緒に埋めて塚を築いた。これが錦木塚で、JR花輪線の十和田南駅の近くに、その塚とされる巨石がある。

錦木は立てながらこそ朽ちにけれ今日の細布胸あはじとや（能因法師『後拾遺集』）の歌が知られている。

注32　花輪＝鹿角市役所がある、鹿角地方の中心地。盛岡藩では花輪通り代官所を置き、30人の同心を住まわせていた。盛岡と大館（秋田藩）を結ぶ鹿角街道の宿場でもあり、幕末の記録では、家が3百軒も並ぶ大きな町だった。宿屋は、馬も泊まれる旅籠と、人間だけを泊める旅人宿に区別されていたという。

注33　銅山＝鹿角には尾去沢をはじめとして、相内、白根など数多くの銅山があり、盛岡藩の大きな収入源だった。東屋新助を訪ねたのが花輪だったので、この人は花輪鉱山の支配人かもしれない。ただし花輪鉱山は盛岡藩時代の詳しい記録がなく、明治以後は硫化鉄、石膏、黒鉱などを産出した鉱山。語佛師匠は「銅山の支配人」と紹介しているので、この人が鹿角地域一帯の銅山の支配人だった可能性もある。

注34　赤根染、紫根染＝赤根染は植物の「アカネ」の根から、紫根染は植物の「ムラサキ」の根から採った染料を使う、羽二重（純白で肌触りのよい絹織物）の草木染。茜色も紫色も下染に1年を費やし、本染も10数回かかるという手間のかかる染物。盛岡藩では、これを幕府や朝廷へ献上していた。

注35　鹿子、らせん絞り＝どちらも絞り染めの模様。

秋田藩領に入る

◇十二所からが秋田領

六月十一日、花輪を発って銅山越え(注1)という道筋をたどった。銅山には家が七、八十軒もあるという。神田(注2)という村へ出たが、ここには南部領境の番所があった。

ここから秋田藩領入口で番所のある十二所(注3)へ出た。旅人を改めるというので通行手形を見せた。そこから大滝(注4)という温泉のある所へ行った。南部領の大湯よりよほど良い温泉場で、それぞれの湯宿に内湯がある。温泉街は川に面していて、川端に温泉の滝が九本も流れ落ちているという。ここで湯治して、十三日に扇田(注5)という所へ行った。

ここには松右衛門という浄瑠璃語りがいるので、毛馬内から手紙を出しておいたのだが、留守で会えなかった。

ここから川を越えて大館(注6)まで行き、問屋場の向かいの越前屋という宿に泊まった。足軽で目明しを務める須藤半七殿を訪ねたが、久保田(注7)へ行っているとのことで会えなかった。

注1　銅山越え＝花輪から大館へは、盛岡から来る鹿角街道を通るのが普通だが、それは米代川の右岸を錦木塚の方へ行くことになる。花輪からすぐに米代川を渡り、西の尾去沢銅山の方へ向かうのが銅山越えの道筋で、米代川の左岸を北へ向かう。

注2　神田＝鹿角街道の宿駅で、この辺りから街道は西へ向かう。銅山越えで尾去沢まで行くと、そこから藩境の最後の集落である土深井へ通じる道があるが、神田へ出たということは、尾去沢までは行かずに北へ向かったと思われる。神田も土深井も現在は鹿角市。

注3　十二所＝鹿角街道の宿場。秋田藩の境番所があり、茂木氏の所領だった。大館市。

注4　大滝＝古くからの湯治場で、佐竹藩主が湯治に来た記録もある。大館市。

注5　扇田＝羽州街道の宿場。陸路では、銅山のある阿仁方面への分岐点だが、50石積の舟が発着する川港があり、水運の基地としても繁栄した。大館市比内町扇田。

注6　大館＝佐竹四家のうち、西家の城下町。江

十四日は、綴子(注8)という所から坊沢(注9)、小磐(注10)という所へ出た。ここの問屋場の秋田湊(注11)船木という問屋で、番頭を務めている佐兵衛が帳付けをしていて、久しぶりに会った。たまたまここに来ていたそうだ。

この宿場から一里、渡し場のある荷上場(注12)という所へ行ったところで雨が降り出して、ここで泊まることにした。その夜は大雨で、近辺に水が出た。

大館から綴子へ行く道の途中に、「しりもうさん」という山があった。これは、江戸から御巡見様(注13)がおいでになった時、秋田藩の案内役に「向こうの山はなんという山か」とお尋ねになった際、案内役が「知りもうさん」と答えたので、御巡見様は「四里毛山」と手帳に書き留めた。それ以来「しりもうさん」と呼ぶようになったということだ。

荷上場から切石の渡し(注14)という所へ行ったのだが、昨夜の大雨で川止めだという。それでもやっと小舟を頼むことができて、富根村(注15)、鶴形村(注16)を経て能代(注17)へ行くことができた。

(扇蝶は前々から国に帰りたいと言っていたが、これは、越後の新潟の近くの和納という所に、たいへんひいきにしてくださった割元(注18)の伊藤新助様、中原俊次郎様と申される方がいて、そこに立ち寄ってから国元へ帰りたいと言うので、能代から国へ帰すことにした。扇蝶が

戸初期の「一国一城令」で秋田藩内の戦国時代の城は次々に破却されたが、戦国大名浅利氏の居城だった大館城は、秋田藩領南部の横手城とともに、存続を許された。「一国一城令」への佐竹氏の迅速な対応に感心した2代将軍、徳川秀忠の配慮と言われている。大館は、北の弘前藩(津軽氏)への備えという意味もあり、佐竹氏の一族を城代とした重要地だった。

注7　久保田＝秋田藩庁のある、佐竹氏の城下町。現在の秋田市。

注8　綴子(つづれこ)＝羽州街道の宿場。津軽氏の参勤交代の際の本陣が置かれた。北秋田市綴子(旧鷹巣町)。

注9　坊沢＝羽州街道の宿場。北秋田市坊沢(旧鷹巣町)。

注10　小磐＝小磐という地名は見当たらない。坊沢宿の次は小繋。原書を解読する際に「繋」を「磐」と読み間違えたのではないか。次の荷上場宿までは米代川を舟で行くこともでき、その間が1里あったので「一里の渡し」と言われた。能代市二ツ井町小繋。

注11　秋田湊＝雄物川の河口、土崎湊のこと。

注12　荷上場＝羽州街道の宿場。米代川と、支流の藤琴川の合流点に位置する。小繋宿から行くと、荷上場は藤琴川を渡った所で、「渡し場があり」と書いていることから、語佛師匠の一行も舟で荷上場に着き、そこで大雨に遭遇して泊まることに

土崎湊から便船があれば乗って行きたいと言うから、土崎の久四郎殿、安五郎殿、団次殿への手紙を持たせてやったのだが、我々が土崎湊に行くまで、引きとめられて久四郎殿の家にいた）

◇能代で七夕祭りに感激

盛岡の源助殿からの紹介状で、能代では大和屋仕平殿と申す束ね役の家に落ち着いた。

能代の柳町には遊郭が八軒ほどもあって、その中に三階建ての丸万八郎兵衛という遊郭があった。これは久保田城下の丸万庄兵衛殿の弟で、先年、我々が能代に来た折には、「江戸の堺町[注19]へ料理修行に行って、故郷に帰って来たばかりだ」といい、私と兄弟のように深くなじんだ人である。そのほか、羽右衛門、清右衛門、八郎兵衛殿など、江戸で言うなら奉行所の与力と同格の「差引役」という重要な役職のお手先となり、目明しを務めていらっしゃる皆さまが遊郭を営んでおられる。

小林嘉兵衛と申される料理屋もあって、これは料理専門の店だ。

十五日は祭礼で、踊り屋台などが出るので、近郷の村々からも見物客がたくさん来てにぎやかになり、その夜は一晩中屋台を引き回して歩き、寝つかれぬほどの騒ぎだった。

なったのだろう。能代市二ツ井町荷上場。

注13　御巡見様＝幕府巡見使のこと。将軍の代替わりの時、各地へ派遣され、大名領を視察・見分して幕府に報告する臨時の役職。この報告によって治政の乱れをとがめられて所領没収となった大名もあり、巡見使は恐れられた。しかも藩主や家臣とは接触せず、村役人や領民から直接訴えを聞くため、視察を受ける大名側は対応に苦慮した。あらかじめ想定問答集を作って村役人に渡しておき、それ以外の質問には「知らない」と答えるよう指示していたことが多く、盛岡藩の馬の放牧地で、「冬の間は馬をどうしているのか」と尋ねられて「知らない」と答え、さらに馬を指して「あれはなんと申すのか」ときかれたのにも「知らない」と答えたとの笑い話が記録されている。語佛師匠が書き残した「四里毛山」も同様の逸話である。

注14　切石の渡し＝米代川の渡し場。これを渡ると羽州街道は米代川の左岸を進む。能代市二ツ井町切石。

注15　富根村＝羽州街道の宿場。能代市二ツ井町富根。

注16　鶴形村＝羽州街道の宿場。能代市鶴形。

注17　能代＝米代川河口の港町。『日本書紀』にも記録が残る古い港で、豊臣秀吉に献上する秋田杉をここから船積みするなど、木材の集散地として栄え、江戸時代には奉行所が置かれた。鶴形か

能代に、玉屋柳勢の弟子で玉屋いろはという芸人がいて、これは三味線を弾くので踊りの屋台に乗るよう頼まれたという。十六日にあいさつに出向いた。

秋田藩では幕府が定めた金銭（正金）が通用せず、百貫文から二十五文までの藩札[注20]が通用している。百貫というのは正金では八十文に換算され、十枚一綴りで八百文、一枚八十文で、二十五文札は正金なら二文[注21]くらいの価値になる。金札、銀札は上方から伝わったもので、久保田の御屋形様（藩主・佐竹氏）の財政方につながる久々知屋という人が発行していると聞いた。

銭札は御町所並びに町家の富豪から発行されているという。これを「へら」という。正規の金銀と両替する時には、一両につき九貫二百文くらいが相場である。

能代では春慶塗[注22]が名産で、お膳やお椀、硯のふた、酒杯、杯の台、そのほか印籠、櫛、笄などがある。山打三九郎[注23]という一軒が有名で、ほかに偽物がたくさんあるが、それは早く色がさめてしまうそうだ。

能代にお竹という芸者がいた。大淵彦兵衛殿と申される方の世話になっているが、この彦兵衛殿はたいへん世話好きで、木山[注24]を管理するお役人や町役人などの方々の座敷興行を取り持ってくださった。

ら羽州街道をそのまま進むと、南下して秋田へ至るので、語佛師匠の一行は米代川左岸に沿う道をたどって能代に入った。

現在のＪＲ奥羽本線は東能代で五能線に接続し、次の駅が能代だが、江戸時代の羽州街道はずっと南の森岳（三種町）に近い金光寺で能代街道（津軽に入って大間越街道と名が変わる）が分岐し、羽州街道よりも日本海に近い道筋で秋田と結ばれていた。

注18　割元＝数カ所の村を支配する大庄屋で、行政の末端に位置し、年貢や諸役の割り当てを行う役目。武士に準ずる身分を与えられていた。

注19　江戸の堺町＝日本橋の近くで、歌舞伎の中村座があり、中村座に所属する大小の料理茶屋が並んでいた。このうち16軒あった大茶屋は一流の割烹店の格式で、大名の江戸留守居役や、大店の旦那衆を客にしていた。能代の丸万八郎兵衛が「堺町へ料理修行に行った」というのは、どこかの料理茶屋で修行したのだろう。

堺町には人形店も多く、また操り人形芝居が近辺で行われたこともあって、後に人形町の名ができたが、天保12年（１８４１）10月7日、堺町の中村座と隣町の葺屋（ふきや）町の市村座が火事で焼け、天保の改革の余波で翌年7月、芝居小屋は浅草猿若町へ移転させられた。

「奥のしをり」の道中記は仙台に到着した天保12年10月28日から始まっているが、江戸から仙台

大和屋仕平殿のお世話で、柳町の善助殿という方の家で寄席興行をした。

この近辺では、山瀬という風(注25)が吹く。江戸では東風になるが、この辺りではこの風を嫌う。船はもとより作物にも悪いといい、七日も続けて吹き続けるという。まことに寒い風で、人の体にもあたりさわりがあるということだ。能代へ来てから強風が毎日続くので、

○作物にあたる山瀬は大江戸の東風の身にまでしみ渡るなり

七月一日から七夕祭りと言って、大狩万作と名付けた灯籠をこしらえ、五日までは町々を子供が持ち歩き、六日の夜はその年の年番の町の灯籠が出る。五つ（午後八時頃）には、高さ五丈八尺（約18メートル）、大きさ三間（5・5メートル）四方の山車に、神功皇后の三韓征伐(注26)、加藤清正の朝鮮征伐(注27)、そのほかさまざまの形にこしらえて、一晩で五、六百本もろうそくを使うそうだ。鉦、太鼓、ほら貝などを吹きたてるが、太鼓は太さ五、六尺余、長さ六、七尺もある大太鼓をたたき、町を引き歩いて夜明けまで踊り騒ぐのである。実に珍しい祭りであるが、津軽の弘前、黒石から青森あたりにも同様の祭りがあるそうだ。

年番に当たっていない町内からも加勢という灯籠をこしらえ、年番

までの日数を勘案してみると、中村座の火事の後に江戸を出発したと思われる。さらに想像をたくましくすると、中村座や市村座のある通称芝居町には見世物小屋や寄席も多かったので、それが火事でなくなり、何かと息のつまる天保の改革にも嫌気がさして、語佛師匠は懐かしいみちのくへの旅を思い立ったとも考えられる。

注20　藩札＝秋田藩で藩札を発行したのは4回。語佛師匠が手にしたのは、天保の飢饉を救済するために天保11年（１８４２）3月に発行した2回目の藩札である。この藩札は、秋田藩の御用商人である大坂の久々知屋吉兵衛を秋田に呼んで発行させ、嘉永4年（１８５１）8月まで使用された。

注21　二十五文札は正金なら二文＝百貫文が80文という換算率からすれば、2文は安すぎる。「20文」と書くべきところを間違えたのではないか。

なお、銭1貫文は１０００文が正規だが、秋田では銭１００枚にひもを通してまとめた形（百貫文）で流通していた。余談だが、秋田には松の枝に10文か20文を指し連ねたものを「ヤセ馬」と称して、正月に子供にやる風習があったという。百文でまとめるのが通常なのに、10文、20文でひとくくりなのを「痩せた馬」と言ったのだろう。

注22　春慶塗＝ウコンの根から採る黄色い汁で木地を下塗りし、その上に透明の漆を塗り重ねて、木地の木目を見せるように仕上げた漆器。ちなみにウコンは、スパイスの名としてはターメリック

の町の灯籠に随行する。祭りの十五、六日前から若い衆が寄り合って灯籠に細工をし、それを段々と組み上げて地車に乗せ、曳き出す。これを「ねむた流し(注28)」という。

○みな人のねむたながしと申せども初めて見ては目がさむるなり

◇八郎潟を横目に土崎湊へ

七月八日、土崎湊から久四郎という束ね役がやって来た。この人は、やはり「差引役」を拝命した目明しで、先年、我らが土崎湊の下酒田町という所にしばらく住んでいた時、兄弟同様にしていた人で、今回は我々に少し用事があったこともあって能代まで来たというので、十日に能代を発って、豊岡(注29)という所から鹿渡(注30)という所へ出て、一日市(注31)という所で泊まった。

この近くには八郎潟(注32)といって、縦七里、横八里の潟がある。(男鹿の)山(注33)を見渡して絶景である。この潟で一尺二、三寸もの大きな鮒が獲れるそうだ。ごりという魚もいる。これを八里の潟の濁り魚と自慢している。

ここから土崎湊へ行った。

土崎湊では、新柳町の目明し団次殿の息子で、富次郎という方の家

で、カレーの色となる。

注23　山打三九郎＝能代春慶塗は飛騨の工人、山打三九郎が始めたという説がある。戦後の無形文化財に指定された石岡家の伝承では、越後から来た石岡家の祖、越後屋庄九郎が宝永年間（１７０４～１０）にこの技術を完成させたとされている。ほかにも能代春慶塗の起源説があるが、「奥のしをり」で山打三九郎の名を出していることは注目される。

注24　木山＝米代川流域をはじめとして秋田藩内には、杉の美林が広がっていた。この林務を監督するための役所を木山方（きやまかた）と言った。その公式記録を「以来覚」（いらいおぼえ）と言い、「能代木山方以来覚」など各郡単位の記録が現存している。

注25　山瀬という風＝「ヤマセ」は、岩手県の三陸地方に冷害をもたらす北東の風として知られる。秋田県では奥羽山脈を越えて来るので風が弱まり、必ずしも冷風とは限らない。東風（だし）とも呼ばれ、田沢湖の辺りでは豊作をもたらす風と、民謡「生保内節」で歌われる。

注26　神功皇后の三韓征伐＝夫である仲哀天皇が急死したため、これに代わって朝鮮半島の新羅に攻め入って新羅王を降伏させたと『記紀』に記されている伝説上の人物が、神功皇后。その時、妊娠していて、帰国後に応神天皇を産んだという。史実ではないが、4世紀ごろの日本と朝鮮半島の

に落ち着いた。この団次殿というのは、市川団次という役者で、妹は小佐川常世という人の女房になって津軽に住んでいるという。団次殿はまた大内屋という遊郭を営んでいて、この土地の束ね役でもある。

前に来た時には、遊郭は上酒田町、下酒田町の表町という所にあって、みな借地だった。万屋周助殿が我らと相談して、お上（藩庁）へ「浜近くに替地をたまわりたい」とお願いした。ところが、浜近くには稲荷町といって船乗り相手の遊女がいてだめだというので、この新柳町を替地として下されたものである。

その節、私は江戸の母親が病気だというので急に江戸へ帰ってしまった。だからこの新しい町には、弟子の梅橋という者を残しておき、芸者の見番をするよう周助殿にお願いしておいたのだが、ほどなく梅橋も江戸へ帰ってしまった。

その当時は大変繁盛して、丸喜安五郎、幾都という盲人の店、辰亭、萬屋、上ノ筆屋、下ノ筆屋、「山久」こと久四郎、大内屋雷助などが遊郭で、そのほか料理屋の安田屋には梅子という女役者や、千右衛門という役者などが多数いた。染吉という女芸者は、伊達様のご領分（仙台藩領）から来た源蔵という我らの弟分の女房で、源蔵が十七年前に病死して未亡人になってから揚屋を営んでいたが、今年、源蔵の十七

関係から作られた物語という歴史学者もいる。この説話に基づいて、神功皇后は航海の神である大阪の住吉大社の祭神とされている。

注27　加藤清正の朝鮮征伐＝豊臣秀吉の朝鮮出兵の際、最も激戦を演じた武将の1人が加藤清正。その豪勇ぶりが「虎退治」などの逸話を生んだ。

注28　ねむた流し＝青森のねぶた祭りと同様の七夕の行事。能代では、坂上田村麻呂が米代川に灯火を流して蝦夷を誘い出したとの起源説がある。巨大な楼閣を作って市中を引き回すのが呼び物で、最終日には灯籠の上のシャチ飾りをおろしていかだに乗せ、米代川に流す。「奥のしをり」では「ねむた流し」と表記しているが、現在は「ねぶり流し」、あるいは「能代のねぶながし」と呼ばれている。また、「奥のしをり」で引き回す楼閣の高さを約18メートルと書いているが、これは現在のものよりかなり高い。

注29　豊岡＝羽州街道の宿場。三種町豊岡金田（旧山本町）

注30　鹿渡＝羽州街道の宿場。三種町鹿渡（旧琴丘町）

注31　一日市＝羽州街道の宿場。八郎潟町の中心地。秋田県三大盆踊りのひとつ、一日市盆踊りで知られる。

注32　八郎潟＝かつては琵琶湖に次いで、日本で2番目に大きな湖だった。昭和32年から20年をかけた干拓事業で約8割が陸地となり、大潟村が誕

回忌の法事をしてほどなく染吉も亡くなってしまった。

奉行所と差引役のお手先を務める目明しが土崎にはたくさんいて、久四郎、安五郎、山嘉、梁川屋などは差引役でもあり、奉行所の町方では団次、大坂辰、菓子安などが目明しを拝命している。

その昔の表町にも、未亡人と称して隠れ女郎がたくさんいたが、当時は取り締まりがことのほか厳しく、ちっとも商売にならなかったと聞いている。今では、表町では料半という店だけが残っているそうだ。

船問屋(注34)は舛木、船木、川口などを頭領として、そのほかに付け船小宿(注35)がたくさんある。

上ノ筆屋という遊郭の息子で嘉吉というのは、以前に足袋や股引の仕立てを修行したいと言って私を訪ねて来たことがある。それで江戸の芝田町の玉屋という足袋屋に奉公修行をお願いしておいたが、今は帰国しているというので、早速あいさつに行った。筆屋の旦那は後藤彦市殿といって、大番組(注36)の隠居である。とても親切に話をしてくださった。

このように昔からなじみのある所なので、毎日座敷興行があって、八月ごろまで遊び暮らしていた。そのほか、問屋の船木、舛木、根布屋などの座敷へ行って一席うかがった。

生した。

注33　山＝男鹿の山（寒風山）のこと。八郎潟の向こうに見える。

注34　船問屋＝寄港した回船と商品を取り引きする問屋。

注35　付け船小宿＝回船の船乗りが宿泊し、彼らが個人的に持ち込んだ小口の商品売買も行う。

注36　大番組＝武士の役職で、戦になれば藩主の本陣を固める軍事職だが、平和な時代にはほとんど名誉職となっていた。そのご隠居が遊郭の旦那となり、落語家と親しく話すというのは、さばけたものだ。

酒田町と表町の角に、見性寺というお寺がある。私らが土崎湊で母親同様に親しくしていた、近藤源八という人の妹の「おみん」という人の菩提寺で、お盆には寺参りをして、法事をおこなった。

山屋敷という所に、祖師という石の仏様がある。昔はお堂も何もなくて、原っぱに石仏が立っているだけだったが、近年、一眼という信心者がこれを取り立ててお堂を建立し、最近は釣鐘も造った。たいへんにご利益があるというので、病人などはこのお堂に十七日、あるいは二十七日もおこもりしている。山屋敷というのは、問屋衆や富裕な商人の別荘がある所で、遊山にもよいというので年ごとににぎやかになっている。実にありがたい仏様である。

（扇蝶はいよいよ国元へ帰りたいと言い出し、七月二十日に本荘という所までの便船があったので、丸喜安五郎殿の番頭の半次殿から庄内酒田への手紙を書いてもらい、旅立たせることにした。ところが酒田から、前に扇蝶が手紙をやっておいた馬生の門人の馬久二という者が来たという。この人は、酒田今町(注37)の亀屋四郎右衛門という人の娘を女房にして、江戸まで連れて行った人で、このほど、女房の国元に帰って来ていたという。庄内はお国替えの騒ぎ(注38)で大変混乱しており、御公儀のお役人が入り込んでいて、それで旅人は一泊しか許されないと

注37　酒田今町＝一流料亭が並び、お得意様の北前船の船頭を迎えた回船問屋が、「入船祝い」と称してどんちゃん騒ぎをやったといい、「花の今町」と言われていた。江戸時代の料亭「相馬屋」の後継である「相馬楼」のある、酒田市日吉1丁目辺り。

注38　お国替えの騒ぎ＝天保11年（1840）11月、幕府（内実は天保の改革を実施した老中・水野忠邦）が突然に発した三方領地替えの騒動。庄内藩14万石の酒井家を越後長岡へ、長岡藩7万石の牧野家を武州川越へ、川越藩15万石の松平（大和守）家を庄内へ移すという命令だった。理由は不明で、石高を半分に減らされる庄内藩では、領民が江戸へ上って直訴するという反対運動まで起きた。反対運動には酒田の豪商、本間家の尽力があったという。この領地替えには幕閣内にも異論が出て、天保12年7月、将軍徳川家慶（いえよし）が水野忠邦に幕命の撤回を指示して収束した。

しかし「奥のしをり」の旅は、領地替えが撤回された後なのだが、水野老中は、庄内藩主・酒井忠器の江戸城内での格式を下げ、庄内藩の預かり地としていた2万7千石を取り上げて天領に組み入れ、多額の費用がかかる印旛沼干拓工事の手伝いを命じるなど、あからさまな報復措置をとった。また、領民の反対運動の実態を探るために隠密を派遣するなどの策謀を続けた。庄内藩でも、藩と反対運動の領民との関係を示す資料が幕府に知ら

いうことだ。扇蝶は、酒田の馬久二に、ゆうゆうと二、三日は逗留してから越後へ出発したいと手紙に書いていたのだそうだ）
○尊さよ石よりおもき大願をきかせ玉わる祖師の御姿

れることを極度に恐れた。つまり、幕府隠密を防ぐために、領内を通過する旅人には1泊しか許さなかったのである。ちなみに、この騒動の詳細が史書に登場するのは大正時代になってからだ。

久保田城下で年を越す

◇土崎から久保田城下へ

八月五日、久保田城下に到着した。

寺内という所に古四王神社[注1]というお社がある。このお宮に馬の奉納額があって、この馬はその昔、毎晩絵を抜け出て遊びに出かけたといい、宮の縁側に蹄（ひづめ）の跡があるそうだ。

ここはヤツメウナギが名物である。

寺内には、五百羅漢の寺[注2]もある。寺の境内は広くて、お殿様がおいでになる時の座敷が用意してある。春と秋には、土崎湊からも行楽客が来る所で、風景がすばらしい。

そこから橋を渡ると八橋[注3]（やばせ）という所があって、ここは城下の人々が遊山に訪れるので料理屋、貸座敷がたくさんあったのだが、今度来てみるとそれらは許されなくなっていた。しかし桜の木や藤棚は以前通りだった。

八橋には山王宮[注4]、東照大権現の宮[注5]もある。ここから田んぼを三町ば

注1　寺内の古四王神社＝寺内は、土崎湊から久保田城下への途中の丘陵地帯。その中の高清水丘陵には古代、蝦夷地経営のための出羽柵が設けられた。古四王神社も、坂上田村麻呂がこの地に、4柱の祭神を祀って創建したと伝えられる。「古四王」は「越王」、つまり「越の国」（越前、越中、越後の総称）と、仏教の守護者である四天王を合わせて命名されたと言われている。秋田県内にはほかにも古四王神社があるが、明治になって、寺内の古四王神社は秋田県一の宮の格式となった。秋田市寺内児桜。

注2　五百羅漢の寺＝秋田市寺内神屋敷の曹洞宗・西来院。能代の船頭が仏門に入り、遭難死した多くの舟子（船員）を供養するため五百羅漢の彫刻を始め、350体で満願となった。このうち103体が現存し、西来院は一般には羅漢寺と呼ばれている。

注3　八橋＝坂上田村麻呂が、秋田市街地の南部、牛島から強い弓で矢を射たところ、その矢が落ちたのがここで、「矢走」という地名ができたとの伝説がある。佐竹氏が久保田に城を築いた頃はま

かり行けば下モ町で、ここには芝居の常設小屋がある。役者は芝居のある時は下モ町に泊まるが、普段は八橋に住んでいて、雪駄、太鼓、三味線の張り替えなどを仕事にしている。

この先は鉄砲町(注6)といって足軽が住む町で、城下の入口である。

ここから南は米町(注7)、寺町(注8)、東は通り町(注9)で、大町三丁目(注10)には伊勢屋九郎右衛門という古着屋がある。この人は私の昔からのなじみで、江戸へもたびたび買い出しに来た際には私のところへも訪ねて来られた。秋田では伊勢屋に落ち着き、毎日のように座敷興行をして過ごした。

蛇野(注11)という所に、若木惣藏殿とおっしゃる方がいる。足軽頭を務めており、この人もたびたび江戸へ上った際には私を訪ねて来られたので、今回は私の方からあいさつに出向いた。

旧知の仲吉という女芸者は、昔は踊り子だったが、今は廃業して、息子が商人になっているという。

米町に浅井新吾という軽業師がいた。その息子は妻五郎といって我らの弟分のようなものだった。新吾さんは金毘羅へお参りすると行って江戸の私の家に来た時、病気で亡くなってしまった。今は妻五郎も病死し、その弟の小三というのも亡くなったと聞いた。新吾さんには妻と、娘が一人いた。娘は「おとめ」と言って、これは新吾さんが土

ったく人家がなかったが、城下の方から新田開発が進んで村ができ、18世紀の半ばになると、城下と土崎を結ぶ街道沿いの行楽地としてにぎわうようになったという。現在は野球場、ラグビー場、陸上競技場、体育館などのあるスポーツゾーンになっている。

注4　山王宮＝城下外町の鎮守、日吉八幡神社のこと。山王は日吉神社の別称。平安時代に安倍宗任が土崎の東方の外旭川に、近江の日枝山王と石清水八幡を勧請したのが始まりと言われる。秋田藩の初代藩主、佐竹義宣が八橋に移し、その後、現在地に社殿が造営された。

注5　東照大権現の宮＝古地図では、山王宮の裏手に東照宮が記されている。

注6　鉄砲町＝現在は秋田市保戸野鉄砲町にまとめられているが、江戸時代は表鉄砲町、南鉄砲町、北鉄砲町があり、秋田藩の鉄砲組、兵具組の足軽が住んでいた。なお、現在の大町6丁目にも鉄砲町があったが、ここは純然たる町人の町で、鉄砲鍛冶が住んでいた。

注7　米町＝上米町と下米町があった。それぞれの1丁目が秋田市大町1丁目、2丁目が大町2丁目に含まれている。慶長18年（1613）、土崎穀町の米商人を移転させてできた町で、城下では米町以外での米の小売りを禁止して、商人を保護した。

注8　寺町＝佐竹氏は、久保田城（現在の千秋公

崎湊に住んでいた時に養女にした子だ。私も江戸からたびたび手紙を出していたが、今は芸者になっているという。

法花寺(注12)のお上人も昔からの知人で、この寺のお題目講の世話人である藤井大助殿という方とも心安くおつきあいするようになった。

亀ノ町(注13)の丸万庄兵衛殿、同じく高橋清吉殿は、昔は寄席の世話人だったが、今は町方役人になっておられる。段々と寄席に関係させられたそうだ。寄席はもともと雪の時期に座頭(注14)を救うためのもので、実入りは四分六分で分けることにして、座頭が出願した。学都という座頭が座元で、配当屋という寄席がある。昔は十月一日から許可されていたが、今は九月中から興行できるそうだ。

今度行った時には、世話人がみな代わっていたが、丸万庄兵衛殿、田中勇助殿の二人は昔からのなじみなので、九月から出させてもらうことになった。

それから大町二丁目、三丁目の若い衆、九郎右衛門殿の息子の義助というよい若者、伊勢屋の隣の仲長伊勢屋の別家の三丁目伊勢屋の十右衛門殿、二丁目の山崎屋万蔵殿とおっしゃる落語好きのお方には、ことのほかごひいきにしていただいた。

伊勢幸といって二丁目で古着屋をやっていた方が、今は田中という

園）の防衛線として、少し距離を置いた西側一帯の南北に寺院を並べた。現在の秋田市旭北栄町から旭南2丁目まで、およそ1・3キロに及ぶ。

注9　通り町＝現在の秋田市保戸野通町。城下町の最初から商人の町として区分けされ、朝市を開く特権を与えられていた。この町の東端を旭川が北から南へ流れていて、旭川を越えると上級武士だけが居住する「内町」、旭川までは町人と下級武士が住む「外町」と区分された。

元禄2年（1689）に旭川を渡る通町橋ができ、番所も設置された。また、この橋は、死刑囚の首をさらす場所でもあった。

注10　大町三丁目＝城と寺町の間に、南北に連なるのが大町で、1丁目から6丁目まである。2丁目と3丁目を分けるのが、夏の竿灯祭りでにぎわう山王大通りだ。

注11　蛇野＝秋田市手形蛇野。城の東にあり、現在はJR奥羽本線がその間を通っている。

注12　法花寺＝法華寺が正しい表記。元々は、文亀2年（1502）、土崎に創建された秋田県内最古の日蓮宗の寺。日蓮宗なので、和尚とか住職と言わず、尊称をお上人という。久保田城下の都市計画の一環で、現在の秋田市旭北寺町に移転した。

注13　亀ノ町＝上亀ノ町は現在の大町1丁目、下亀ノ町は大町2丁目。上亀ノ町には天保の頃には芝居小屋ができ、それに伴って人形芝居や曲ゴマ、

所で酒造りを始めて伊勢（岩間）屋文六殿とおっしゃり、なじみなので、今回もたびたび呼ばれた。

片岡慶助殿は銅山役人[注15]で、能代で吟味役をお務めだが、これも昔からのなじみで、その若旦那は郡蔵殿とおっしゃって大小姓[注16]であり、ひいきにされてたびたびお会いした。

鈴木仁兵衛様は大番組[注17]の方で、この方にもたびたびお会いした。

◇久保田城下で間借りして腰を落ち着ける

ここでひとまず土崎湊に帰り、九月まで宿にしていた富次郎さん、筆屋嘉七さん、それに仙台から来ていた勘右衛門という道楽者と毎日のように船を借り、弁当を持って、江戸ではハゼといい、ここではグツという魚や、鯉、鮒などを釣りに出かけて楽しんだ。

ほどなく九月になったので、久保田の城下、亀ノ町の大工で喜兵衛さんの家の座敷を間借りして引っ越した。

（下亀ノ町の配当屋のある場所は、昔は正法院という山伏がいた所だが、こいつは大変心がけが悪く、人に憎まれていて、ある時、町内の人たちと争いごとになって負け、この場所を追い立てられた。それを残念無念と思ったのか、山伏は家の井戸に身を投げて死んでしまっ

猿回しなどの大道芸人も集まるようになり、無許可だが料理屋もできて盛り場となった。

語佛師匠が書き留めた幽霊は、似たような話が伝わっているが、それは下亀ノ町ではなく、上亀ノ町のこととされる。『秋田の今と昔』（井上隆明）によると、寄席の配当屋も上亀ノ町にあり、天保13年9月に2代目船遊亭扇橋（語佛師匠のこと）が35日の落語を打ち、翌年2月にも25日間落語を語ったと紹介されている。

注14　座頭＝琵琶、三味線などを弾いて物語を語る芸を持っているか、または針灸やあんまなど、職業を持つ盲人。僧侶と同じように髪の毛を剃りあげていた。配当屋は寄席なので、芸人の座頭の家となったのだろう。

注15　銅山役人＝勘定奉行の下で、銅山の管理を担当した役人。秋田藩内には多くの鉱山があり、役人も多かった。ここに名の出て来る片岡という人は、「能代で吟味役」と書かれているので、阿仁銅山など米代川を使って送られてくる粗銅を大坂へ積み出す前に、最終的なチェックを担当する役目だった。

注16　大小姓＝藩主や世子の身の回りの世話をする。

注17　大番組＝城内警備が役目。

た。その井戸は埋め、その上に家を建てたのだが、そこに一か月以上住んだ人はいなかった。山伏の幽霊が出るので、住んでいられないのだという。そのことをお上に申し上げると、目が見えない座頭であればどんなものが出てきても見えないだろうから、座頭にくれてやれということになり、この場所に配当屋を建て、寄席としたのである。初めのうちは四つ(午後10時)まで寄席興行をして、それが過ぎると終演として、泊まる人もいなかったのだが、後々にはなんのたたりもないというので、今では座頭の人たちが住居としているということだ。そんなわけがあるので、怪談噺や化け物の咄はしないことになっていて、昔の咄、浮世(現世)の咄ばかりをする。何年か前、近所の火事で類焼した際、世話人がちっとも面倒をみてくれず、座頭の人たちは目が見えないので寄席の道具や敷物まで外に持ち出すことができずに焼いてしまった。それで座頭たちが腹を立て、ほかの町に引っ越すと言い出した。それを役所にお願いしたが、山伏の幽霊が出るというわけがあって家を下されたのだから、ほかの町へ引っ越すことは許されないと仰せつけられた)

世話人の田中勇助、丸万庄兵衛、大工の長四郎、桶屋の利八さんらのお世話で、九月二日から寄席興行を始めた。

同じ町の目明し、栗田屋嘉兵衛さんの父親は、江戸で浄瑠璃の三味線を弾いていた野沢富八という人で、秋田へ来て遊郭を開いておられた。

それから四十軒堀(注18)の亀吉殿、米町の惣太殿などの目明しへもあいさつに行った。

同じ亀ノ町の永栄という人の住まいは、田中玄仙という医者の跡地（本荘屋敷）で、仙台まで落語家として行ったことがあるという。その玄仙という医者は、「茅の屋の雁根」と名乗る狂歌師で、茶番狂言などをした面白い人だった。この人も私と兄弟同様に親しくしていた。今は故人になられたが、永栄を手伝わせていたものだ。

米町に唐吉という人がいる。この人も昔は軽業、手品などをしたし、太鼓や笛もこなした人だ。今は上野(注19)という所に住んで、上野慶四郎という金持ちの世話になっていた。やはり昔からのなじみなので、寄席の鳴物などを手伝わせることにした。

寄席は大入りで、三十五日間も興行した。

◇土崎で大火直後に寄席興行

それからまた土崎湊の、番頭の半次殿とおっしゃる方の家へ行って興

注18　四十軒堀＝四十軒堀町が正しい。現在の大町6丁目で、昭和の初めまであった旭川に流れ込む掘割が地名の由来。江戸時代は、鷹狩の鷹のえさにする雀を集める「鳥役所」があった。現在は新政酒造のある辺りだが、四十軒堀町の佐藤卯兵衛が酒造を始めたのは嘉永5年（1852）なので、語佛師匠はこの銘酒の味を知らない。

注19　上野＝秋田市川尻上野町。市街地の南西地域、旭川と旧雄物川（秋田運河）の合流する辺りまでのかなり広い地域が川尻で、上野には藩士が乗馬の稽古をする馬場があった。

行の相談をした。この人は最上の山形の弁慶殿という道楽者の番頭をしていたので、通称を番頭半次殿とおっしゃられるのである。

土崎では、団次殿、大坂辰殿、菓子安五郎殿、富次郎殿が世話人になり、二十日間の寄席興行をすることにした。ところが、我々の相談はまとまったのに、十月三日に土崎で火が出て柳町の木戸まで焼けてしまった。町の数では三町ばかり、戸数では三百軒も焼ける大火で、我々の寄席興行も延期しなければならないところだったのだが、お上からのお許しを得ていたことなので、無理にでも興行を始めた。

そうしたところへ、三笑亭五楽の弟子の鶴楽蔵蝶の門人という、英蝶というのが訪ねて来た。これは一晩泊めただけで、久保田の城下へ使いに出した。というのは、久保田で祭文(注20)興行をしたのだけれどさっぱりの不入りだと聞いたので、すぐこちらへ来て興行するように言いつけたのである。

そしてまたまた、五楽夫婦が南部から私のあとを追ってやって来たので、二、三日寄席を手伝わせた。五楽の女房は富本山雀（または鶴(注21)）と言って、豊後節を語るので、土崎の皆さんに頼んで座敷興行をさせたところ、筆屋の芸者おとみ、おりわ、久四郎殿の芸者おさくなどが豊後節を稽古したいと言い出し、そのほか四、五人の門人ができ

注20　祭文＝元来は山伏の祝詞の一種だが、俗化し、江戸初期には伴奏もつく「歌祭文」という大道芸になった。題材は雑多だが、中でも心中物が人気を得て、「お染久松」や「八百屋お七」などの曲ができた。最初は山伏の持つ錫杖で伴奏したが、それが三味線になり、あるいは錫杖と三味線の両方で伴奏することもあった。明治になって、祭文から発展したのが浪曲。祭文は今でも、全国各地の郷土芸能に残っている。

注21　または鶴＝原本に記されている注釈。原書の崩し字を解読する際、「雀」とも「鶴」とも読めたのだろう。しかし「山雀」はヤマガラという鳥の名であり、意味のある字なので、芸名としてはこちらが妥当と思われる。

きて稽古を始めた。

我らは寄席を打ち上げて、十一月十日に久保田の伊勢屋へ行き、五楽夫婦については土崎の久四郎殿にあとのことを頼んでおいた。

それから久保田では、町奉行の加藤五左衛門様をはじめ、城下の内町(注22)のあちこちで年忘れのお座敷を務めた。伊勢屋の息子の義助が江戸へ買い出しに出かけていたので、その留守中は九郎右衛門殿と酒を飲んで楽しみ、めでたく年越しをした。法花寺へも九郎右衛門殿と一緒にたびたび訪ねた。

注22　城下の内町＝旭川を越えた、久保田城の周囲が純然たる武家町。通町の項でも触れたように、旭川を渡るには番所を通過しなければならないが、語佛師匠は町奉行の私邸にも呼ばれており、秋田で大人気を得ていたと想像できる。

春には津軽へ向かう

◇二月に五城目へ

正月二日に、九郎右衛門殿の家で咄始めをして、それから毎日のように座敷興行をした。

（九郎右衛門の息子で、江戸へ古着の買い出しに行った）義助殿に、江戸の堺町の成田屋市右衛門宛て[注1]、ならびに門人の都々逸坊扇歌、入船扇蔵宛ての手紙を託していたが、二月に秋田へ帰る際に返事を持って行くと江戸から便りがあり、ひと安心した。

肴町[注2]の料理屋「お屋か部[注3]」、豊島町[注4]の竹半などという所へ、たびたび座敷興行へ行った。

茶町扇ノ町[注5]に住む利助というのは、先年、私の弟子にした者だが、たびたび酒肴などを贈ってくれる。旧知の「おとめ」や仲吉などよりも頻繁に酒肴をもらった。

九郎右衛門殿は、「言葉の綾丸」と名乗る狂歌師でもあるので、しょっちゅう狂歌などを作って楽しみ、遊んでいた。

注1　堺町の成田屋市右衛門＝堺町は中村座があった江戸の芝居町。成田屋は、市川団十郎と、その一門の屋号。市右衛門も一門か、その関係者なのだろう。

注2　肴町＝上肴町（現在の大町1丁目）と、下肴町（大町5丁目）の2か所があった。どちらも専業漁商の町。肴町は土崎にあった町名で、まず元和5年（1619）、上肴町に商人が誘致された。その20年後に下肴町ができた。時代が下るにつれて料理屋もできた。

注3　お屋か部＝「おやかべ」と読ませるのだろうか。原文は「お屋部」で、注釈として「か」が挿入されている。この店が上肴町なのか下肴町なのかも含めて、詳細は不明。

注4　豊島町＝現在の秋田市大町5丁目。文政5年（1822）1月の火事で丸焼けになるまでちらほらと料理屋があったが、火事の後、町内復興の陳情を重ねた結果、2月末に料理屋株の独占営業権を得た。「奥のしをり」の頃は寿司屋もある料理屋街となっていた。語佛師匠がお座敷を務めた竹半も、その1軒だろう。

正月十六日には、鎌倉祭りというのがある。城下の内町では男子が生まれると、十五歳になるまで鎌倉祭りをする。門前に雪で城をこしらえ、これにその家の家紋のついた幟を立て、わらを束ねて火をつけて、城の両方から振って合戦のまねをするのである。これは鎌倉の権五郎(注6)を祭るのだということだ。

十六日は、昼も夜も久保田の芸者、座頭までもが二、三軒ずつお座敷芸を頼まれ、私も吉田藤五郎様、梅津様、そのほか二、三軒、咄を頼まれた。土崎から五楽も呼び寄せて二、三軒行ってもらった。

中山政吉様とおっしゃられるのは御物頭(注7)だが、この方も昔からのなじみで、たびたびうかがった。

二月一日から、またまた配当屋で、五楽も入れて寄席興行を始め、これまた二十五日間も続けた。

そして、また能代の八郎兵衛からお誘いが来たので、久保田を出て土崎から五城目(注8)という所へ行った。これは六丁目(注9)の川端松五郎殿とおっしゃられる方が五城目の人で、「なにとぞ五城目への道連れにしてほしい」というので、松五郎殿、五楽夫婦と一緒に行った。

五城目は、一日市から半里ほど脇道にそれた所で、松五郎殿の兄で、鍛冶屋の喜兵衛殿とおっしゃる家へ行き、その家で五日間寄席を開い

注5　茶町扇ノ町＝「扇ノ町」は「扇之丁」と書くのが正しい。現在の秋田市大町3丁目で、山王大通りに面した一角が扇之丁。茶町には扇之丁のほか、菊之丁（大町2丁目）、梅之丁（大町4丁目）と3丁あり、茶、紙、綿、砂糖、畳表やゴザ、傘、糸、それに位牌、扇子、鰹節など種々雑多な生活物資の店が並んでおり、お城の御用達商人もいた。今も江戸時代以来の老舗がある。

注6　鎌倉の権五郎＝八幡太郎源義家の家臣、鎌倉景政（かげまさ）の通称が「権五郎」。後三年の役の際、金沢柵（かねざわのさく）の戦いで右目を射られたが相手を射殺し、三浦為嗣がその顔を踏んで矢を抜こうとしたところ、その無礼をとがめ、ひざまずかせて矢を抜かせたという豪傑。金沢柵の場所は、横手市金沢中野字権五郎塚といい、その名前が伝承されている。

　歌舞伎十八番のうち、市川団十郎が演じて大人気となった「暫」の主人公が、鎌倉権五郎とされる。はっきりその名前が出たのは明治になってからだが、江戸時代から権五郎を想定したセリフがあり、庶民には周知のヒーローだった。

注7　御物頭＝足軽の頭領。足軽には弓組、鉄砲組などがあり、戦争になれば彼らを統率して最前線に立つのが物頭。

注8　五城目＝南秋田郡五城目町。羽州街道からは少し東に入った所で、江戸時代は馬市や定期市が開かれてにぎわっていた。

た。

◇能代まで足をのばす

それから能代の丸万八郎兵衛殿を訪ねて、仕平殿、そのほか目明し衆の世話になり、柳町の善助殿の家で十五日間の寄席興行をした。

能代では昨年の暮れから芝居などをやっていた。だんほう宗五郎(注10)という人が世話人で、役者は中村舎柳、市川白十郎、女形は小佐川美よし、中村駒次郎、そのほか二十人ほど役者がいた。その中に津軽から来た坂東福介という役者がいた。これは上方の子供芝居の役者で、越後から松前へ渡り、そのあと津軽から来たという。しかし、芝居の許可は得ていたものの、旅役者は許されず、地元の役者でなければならないと久保田のお役人から言ってきたので、大騒ぎになっていた。本当に気の毒なことで、役者はもとより、地元の関係者も去年からこの三月まで飯を食わせておくだけという迷惑千万なことになっていた。これからどうなるのだろうか。

◇さらに津軽へ

私は、寄席を打ち上げてから病気になり、長々と八郎兵衛殿のやっ

「奥のしをり」では「五城目は、一日市から半里ほど脇道にそれた所」と書いているが、この道はそのまま南秋田郡から郡境の峠を越えて北秋田郡に延び、鷹巣（北秋田市）で羽州街道につながっていた。羽州街道を短絡する脇街道で、現在の国道285号にほぼ重なる道筋。「五城目街道」と呼ばれ、阿仁鉱山（後に銅山になるが、初期は金を産出した）へ米を補給する重要な往還として、藩政初期から整備されていた。

注9　六丁目＝町名を明記していないが、当時は本町6丁目（現在の大町6丁目の旭川に近い一帯）しか、6丁目という地名はない。

注10　だんほう宗五郎＝「だんほう」にどんな字を当てるべきか不明。古文書では半濁点を表記しないので「だんぽう」と読むこともでき、あるいは檀家とか檀徒を意味する「檀方」かもしれない。仮にそうだとしても、宗五郎という人の実像は想像できない。

かいになってしまった。五楽夫婦を三月二十日に土崎湊へ帰した後、ようやく病気も全快したので、かねてから大淵彦兵衛様のところに来ていた、津軽片谷という方の番頭の三国屋鎌吉という人とお近づきになり、お座敷を務めた。すると「津軽へも来てほしい」と言われたので、四月六日に能代を出発し、加護山(注11)から大館へ行った。

大館は、佐竹大炊之助様のご支配で、石高は九千八百八十三石だが、一万三千石の格式がある。

ここから米代川の渡しをひとつ越えて扇田へ行き、そこから一里半で十二所へ行った。ここは南部（盛岡藩）と秋田藩の境の御番所があり、茂木筑後様とおっしゃる五千石のお家が治めている。

大館では、目明しの須藤半八殿、同役の原田三四郎殿をお訪ねすべきだったが、津軽へ急がなければならなかったので訪ねなかった。

また、江戸両国で操り人形芝居をやっていた山本良次という人が、酒田与平次殿の世話で松前へ行き、この春に海を越えて戻り、半八殿、三四郎殿の世話になっていると聞いていた。この良次と言う人は、通称を男熊といって、とても懇意にしていたので、久しぶりに会いたかったが、まずは津軽へ行って、その帰りに会おうということにして、今回は誰も訪ねなかった。

注11　加護山＝羽州街道の荷上場宿（能代市二ツ井町荷上場）から、米代川の支流の藤琴川を渡った対岸。宿場ではない。前に大館から能代へ来る際には、小繋宿から荷上場宿まで「一里の渡し」と言われる舟に乗ったが、今回は荷上場からすぐ対岸に渡ったので、「加護山から大館へ」と書いたのである。

加護山には、阿仁銅山の粗銅から銀を抽出する精錬所があった。前々から近くで産出する鉛の精錬所があったのだが、安永2年（1773）、秋田藩が招いた平賀源内から、粗銅の中から銀を取り出す高度な精錬技術を教えられ、翌年、ここに銀の精錬所ができた。これで秋田藩は大きな利益をあげた。そればかりか、幕末になると、正規の通貨である天保銭や、秋田藩内だけで通用する各種の銭の鋳造を始めた。幕府の許可を得ていない秘密工場で、戊辰戦争の軍用金まで造った。勝手な通貨鋳造を明治政府が禁止した後も続けていたことが明治4年に発覚し、秋田藩が証拠隠滅のために関係書類をすべて焼却したので、文献はないが、幕末の最盛期には加護山精錬所で5百人もが働いていたという。

語佛師匠が加護山に上陸した時も、精錬所の警備は厳しく、羽州街道を通る旅人の船着場は精錬所から離れた、少し下流にあったと推測される。

大館では、大町の越前屋吉郎右衛門の宿に一泊しただけで、津軽を目指した。

羽州街道の荷上場宿から、米代川の支流の藤琴川を渡った対岸にある加護山の風景。粗銅から銀を吹き分けた精錬所があり、多くの家屋があったことがわかる。

秋田の冬の風物

◇高値の初ハタハタ

十月の末になると、鰰[注1]という魚が獲れ始める。これは、佐竹様にお付きの魚だということで、佐竹様が水戸におられた時も獲れたそうだ。今でも水戸で、まれに二、三匹獲れるという。こちらでは土崎、男鹿、能代で獲れる。津軽でも少々獲れるとか。

　この魚が獲れる時節は、はたはた雷と言って、雷が鳴る。沖の方で雷が鳴ると魚はこれを恐れて岸に寄って来るのだそうだ。男鹿の辺りでたくさん獲れるが、土崎の雄物川河口で獲れるのを珍重する。形は絵のようなもので、鱗がない。ぴかぴかと光って見事な魚だ。大きいものは六、七寸もあるが、たいていは五、六寸の大きさだ。頭にはちょっとしたトゲがあり、お屋形様が在国の時は後ろの方を向いていて、江戸においでの時は前の方を向いている[注2]。

　初ハタハタと言って、初めて獲れたのを賞味した。

　十月二十日、肴町の湯屋へ行っていたところへ、初ハタハタが来た

注1　鰰＝秋田の海の幸を代表するハタハタ科の魚。寒流域に生息し、日本海側では山陰地方まで、太平洋側では宮城県まで広く分布しているが、秋田では神無月（旧暦10月、新暦の11月）の末になると、寒冷前線の通過に伴う雷鳴とともに、産卵のために沿岸に押し寄せる。

　ハタハタを表す漢字は、鰰、雷魚、神成魚、神鳴魚、波太多雷魚といろいろあるが、いずれもカミナリに由来している。そして、カミナリを表す古語に霹靂神（ハタタガミ）があって、「ハタタガミウオ」から「ハタハタ」という名前ができたとされている。また鰰は、全国の神様が出雲へ行っている神無月に登場することから作られた字だ。

注2　後ろの方、前の方＝ハタハタのエラぶたにある小さなトゲを、殿様が在国中は内側に隠しているが、殿様が江戸へ行って不在の時は外に逆立てて、外敵に対して城を守る姿勢を示すという伝承がある。まるで忠臣のような話で、佐竹氏が秋田へ移封された時に一緒に常陸から来たなど、佐竹氏と関係したさまざまな伝説がある。どれも荒唐無稽だが、藩の庇護を受けた男鹿半島の漁民が

というので大騒ぎになり、裸のまま駆け出した。一匹ずつ選り分けた上物は八百文銭（藩札）で一匹六十四文だという。それに十四匹七百文の値を付け、なんとか買って持ち帰ったが、そのすぐあとに行ってみると五百文になっていた。七つ（午後4時）頃には三百文になり、日の暮れる頃には百文に値下がりした。明日の朝には百文で二十匹になるという。

盛りになると、肴町のどこの問屋でも店先に山のように積んでおく。ほんとうにおびただしい数だ。

味わいはいたって美味で、風味の軽い魚である。しかしながら体を冷やす魚で、たくさん食べると痰が出て来る。

オスには白子、メスにはブリコといって数の子より少し大粒で、ヌラヌラする卵がある。これを賞味したが、白子の方が味わいは良かった。

鰰は、湯あげと言って、よくゆでて、尾をちぎり、頭を押さえて箸で身をはさむと簡単に骨が抜ける。鰭を取ればほかには小骨もなく、大根おろしと醤油をかけて食べる。または白焼きにする。

少しばかり食べるのでは我慢できず、好きな人は五、六十匹ずつ食べる。私でさえ十五、六匹から二十四匹くらいは食べられた。

造り出した伝説と言われていて、ハタハタには「佐竹魚」という別名まである。

注3　おしきブリコ＝ハタハタの卵をブリコという。ホンダワラなどの海藻に産み付けられた卵は、固く結着して引き離せなくなるが、男鹿半島では、メスの腹子を四角い木枠に絞り出して押しつけ、型ができると日に干して保存食を作った。これを「押しブリコ」とか「押器ブリコ」と言った。また、卵塊にひもを通して数珠つなぎにしたものが「玉ブリコ」で、これも乾燥させて保存食とした。

なお、民謡「秋田音頭」で「八森ハタハタ、男鹿で男鹿ブリコ」と歌われるが、八森（日本海沿岸北部の八峰町八森）ではブリコを腹に入れたまま出荷するので市場の評価が高く、「男鹿ブリコ」ではなく、名物「押しブリコ」が本来の歌詞で、いつの間にか「男鹿ブリコ」に変わったのだという。

注4　貝焼き＝ホタテガイの貝殻を鍋代わりにする、1人用の鍋料理。このスタイルなら、何を煮て食べてもいいが、秋田名物として知られているのは、魚醤である「しょっつる」でハタハタやブリコを味付けする「しょっつる貝焼き」だろう。

注5　白魚＝「シラウオ」と読む。シラウオ科の魚で、シレヨ、シラオ、シロヨなどとも呼ばれる。八郎潟残存湖、雄物川や子吉川河口の汽水域に生息し、8センチ前後に成長した秋に網でとらえる。刺身や吸い物にする。

また、潮汁の吸い物にして、酒の肴にする。
○首とっていざ高名を先陣よ初はたはたの声の下より
○川柳　冷えるはず名も魚へんに神無月

この魚を寿司にしたり、糠塩などに漬けたりして保存しておき、正月から三、四月ごろまで食べるのである。

ブリコを四角にのして「おしきブリコ」(注3)と名付け、また玉にして数珠のようにワラでつないで「玉ブリコ」にして干しておき、年の暮れから正月にかけて、なますに入れたり、酢の物にしたり、貝焼き(注4)にしたりする。ほれぼれする良い風味なのだが、私は歯が弱くて食べられなかった。

白魚(注5)も非常にたくさん獲れる。こまかいのが多いが、江戸のシラス干しのように大きくなって、一寸くらいになるのもある。大人の茶碗一杯で二百文くらいするが、安い時は百文くらいにもなる。

また、春になると、しろ魚(注6)というのも獲れる。これは、形はメダカのようで、色はねずみ色で、豆腐などと一緒に煎ると真っ白になる。それでしろ魚という。

鯛、ひらめ、甘鯛、カレイ、そい(注7)、アイナメと魚はたくさんあり、

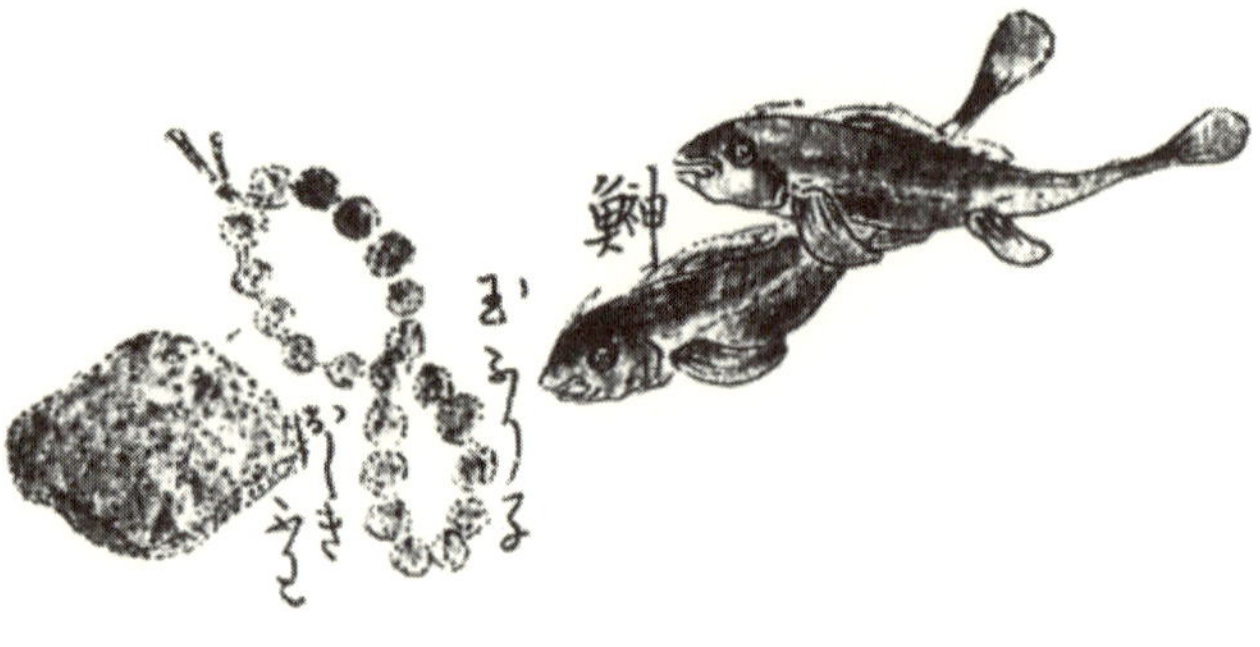

ハタハタ（右）、「玉ブリコ」（中）、「おしきブリコ」（左）

海でも潟でも獲れるので魚は安い。

アナゴ(注8)は江戸のアナゴと違い、ぬらぬらして、皮をむかないと食べられない。海ドジョウというものだという。

ヤツメウナギ(注9)は秋から冬、春にかけてたくさん獲れる。

ウナギは仙台、または南部から持ってくるので、とても高い。

貝類は少なく、アワビ、シジミ、ハマグリなどがあるが、アワビは小さく、ハマグリは貝殻が厚くて味気ない。

鳥もたくさんいて、雁、鴨、白鳥、キジ、山鳥などが食べられる。

私は鶏を賞味した。五丁目より先(注10)の大館、扇田、十二所の辺りにいる比内鶏は名物だ。身が柔らかく、脂ものって風味が良いので、春夏秋冬いつでも取り寄せている。

昆布の類も多く、ひら昆布、海苔昆布、白髪昆布(注11)などいろいろある。料理の出汁には鰹節より昆布を多く使う。

猪や鹿は少なく、猪は全然いない。鹿は男鹿の山で獲れる(注12)が、お上の仰せつけで、一年に何匹と決められていて、それより多くは獲ることができない。

土崎湊の河口にはハゼが多く、これを「グヅ」と言ってたくさん獲れる。

注6　しろ魚＝ハゼ科の魚。シラヤとも呼ばれる。沿岸域の海に生息していて、5センチ前後に成長した4月から5月にかけて、産卵のために少し川をさかのぼったところを、四手網などで漁獲する。生が美味。シラウオと混同されがちだが、まったく別種の魚。

注7　そい＝磯魚で、男鹿半島で「そい」と呼ばれるのはキツネメバル、秋田県南部の海岸で「そい」と呼ばれるのはクロソイ（男鹿ではこれをクロカラという）のこと。どちらもカサゴ科の魚。

注8　アナゴ＝「江戸のアナゴと違う」と書いているので、ヤツメウナギの仲間のクロメクラウナギのこと。目が退化していて、多量の粘液を出す。串刺しにして焼いて食べるが、あまりポピュラーではない。ちなみに「江戸のアナゴ」というのはマアナゴ。

注9　ヤツメウナギ＝魚類ではなく、もっと原始的な円口類。ウナギに似た体系で、体のわきに7つのエラ穴があり、本当の目も数えて「八つ目」と言われる。川だけに生息するスナヤツメと、産卵期に海から川へ遡上するカワヤツメの2種類がある。貝焼きにすることが多い。

注10　五丁目より先の＝意味不明。「五城目」の書き間違いかもしれないが、それにしても、比内鶏の産地である北秋田地方まではかなりの距離があるので、適切な紹介とは思えない。

注11　ひら昆布、海苔昆布、白髪昆布＝いずれも

イカもたくさん獲れるが、真イカではなくスルメイカ（注13）で、身が薄く味わいが良い。

タコ（蛸）は水ダコ（注14）で、大きいものでは四、五尺もある。

カレイ（鰈）にはいろいろあって、浅羽、鷹の羽、口細ガレイ（注15）などの名前がある。

背黒（注16）という魚もたくさん出回っているが、骨が多くてあまりほめられない。

◇雪の中の暮らし

雪が積もると、馬も駕籠も往来できなくなり、雪車（そり）というので氷の上を引き歩く。人を乗せるのを箱雪車といい、荷物を積むのを荷雪車という。

雪の多い年は、一丈（約3メートル）くらいも積もる。また、屋根に雪が積もると、家の中の障子や唐紙の開け閉めが固くなるので、屋根の雪をおろすのだが、それが家の間に溜まって家よりも高くなってしまう。道路の雪は降り固まって鏡のようにピカピカと光り、その上を雪車をひいて歩くが、足が滑ってちっとも歩けない。地元の人は、下駄で滑りながら歩くが、旅人はなかなか歩けないものだ。

昆布の加工品。秋田へは北前船で大量に入荷し、秋田市の土崎では、今も「おぼろ昆布」などに加工する昆布店がある。

注12　鹿は男鹿の山で獲れる＝秋田藩2代藩主、佐竹義隆の時代に、武具の皮革を調達するため、男鹿半島に数頭の鹿（ニホンジカ）を放したのが、自然に繁殖して畑の作物を食い荒らすようになり、農民の訴えに応じて冬に鹿狩りをするようになった。江戸時代はかなりの数が記録されているが、現在は「皆無」と言えるほどに目撃されていない。

注13　真イカではなくスルメイカ＝スルメイカは最も漁獲量の多いイカの種類。単に「イカ」と言えばスルメイカを指すのが普通。「真イカ」という名称は、スルメイカのことを言う地方もあるし、ちょっとずんぐりしたコウイカ（別名スミイカ）を言う地方もある。語佛師匠の言う「真イカ」はコウイカのことかもしれないが、食材にするイカは種類が多く、地方名も非常に多いので断言できない。

注14　水ダコ＝足を広げると3メートルにもなる、最大種の蛸（タコ）。寒い海にいて、秋田では冬から春にかけて底引き網で捕獲する。

注15　浅羽、鷹の羽、口細ガレイ＝鰈（カレイ）は非常に種類が多く、日本沿岸には40種類ほどいる。アサバガレイは標準名だが、地方名も多く、「鷹の羽」は標準名ではマツカワといい、鰈の中でもトップクラスの美味とされる。口細はマガレイ（真

下駄は、底に釘を打って滑らないようにして履いている。雪ぐつと言って、わらで作ったものもある。

正月に内町の御大身の方々(注17)が登城する際にも、馬や駕籠では登城できないので、箱雪車を立派にこしらえ、木綿を撚った綱をつけ、雪よけのために油単(注18)を上にかけて屋根とし、これを六尺(注19)に曳かせて登城する。

大雪になると、道路に深く雪が積もってどこが道なのかわからなくなる。それで、道踏みという人を頼んで、道を踏み固めてもらう。この道踏みはその往来に慣れた者で、かんじき(注20)というのを履き、かいしき(注21)という物で雪をかき分け、踏みならして道しるべとする。

(鰰、雪車、かんじきというのは、字引にもない文字で、秋田の国でだけ通用する文字と思われる)

かんじきにもいろいろある。わらを俵のようにして中に鼻緒を付けて履くのがあって、これは雪が深い時に使う。また、細い竹を輪にして、中に板を結わえ付ける物も同様に深い雪を歩くためだ。金属で作り、三本の爪(注22)をつけた物は、氷の上でも滑らない。

つまがけといって、つま先まですべてわらでこしらえた靴を履くと、足が冷えない。南部盛岡の八幡町にいる音羽屋吉という芝居の道具師

鰈)のこと。山形県でも口細と呼ばれる。

注16　背黒＝背中が青黒いので「背黒イワシ」とも呼ばれるが、標準名はカタクチイワシ。15㌢くらいまで育つが、稚魚を小さい順にちりめんじゃこ、たたみいわし、正月のゴマメ、さらに煮干しの材料にする。新鮮な成魚は内臓と骨を取り除いて刺身で食べるのもおいしいし、洋風のオイルサーディンにしてもいい。語佛師匠が「骨が多くて」と言っているのは、丸干しを食べたのかもしれない。

注17　御大身の方々＝家老や奉行など身分の高い武士。

注18　油単＝布や紙に油をひいたもので、長持ちの覆いや、灯明台の敷物にして汚れや水気を防ぐ。

注19　六尺＝乗り物の担ぎ手。江戸幕府の職名にもあり、御用部屋や台所の雑役にも従事した。「陸尺」とも書く。

注20　かんじき＝積もった雪に足が潜り込まないよう、靴の下に履いて足裏の面積を広くする道具。木の枝を曲げて半円を2つ作り、フジのツルなどでしっかり巻いてつなぎ合わせ、ちょっと細長の円形にするので、「輪かんじき」とも言う。つなぎ合わせたところに板をはさんで滑り止めにする。「かんじき」は、漢字では「樏」や「橇」と書くが、語佛師匠は「橇」の木偏を金偏にした、非常に特殊な字を書いていて、パソコンの漢字辞書にも登録がなく、ひらがなで表記した。

は、このつまがけを履かずに七時（爾）という所を通り、雪の中を津軽から盛岡へ行く時に、足の指が全部凍えて落ち、一本もなくなってしまった。

道中、大吹雪に遭遇した際、雪合羽に尾花帽子（注23）をかぶり、がまはばき（注24）に、わらの靴を履き、握り飯と唐辛子を持って、雪の中に埋まっても体を動かさずにじっとしていれば、死ぬ気づかいはない。雪の上に煙が上がれば、雪掘りという者がこれを見つけて掘り出し、人家へ連れて行ってワラを焼いた火でそろそろと温め、元のようになるという。

道がわからなくなったからと、うろたえ回るから、谷に落ちて川にはまり、命を失うのである。

また、春先は、雪崩と言って山の峰から雪が崩れ落ちるのに巻き込まれ、命を失う人もいるという。恐ろしいものだ。

十二月に、土崎湊へ行く際に、寺内の下り坂を下りるというので

○白氷をふんでかぢとる下り坂雪の車のいともあやうし

注21　かいしき＝ヘラを大きくした雪かき用の木製スコップ。「かえじき」とも言う。「掻き鍬」に由来するらしい。雪山で熊やウサギなどの狩猟を業とするマタギは、長さ1メートルほどの柄を付けたコナガエ（小長柄）という雪ベラを持ち、何人かで雪山に入ると、先頭を交代しながら除雪して前進する。これを突き立てて鉄砲の支えにし、照準を合わせるのにも使う。柄の短いのをサッテと言う。

注22　三本の爪＝Tの字形の鉄製のかんじきで、「金かんじき」と呼ばれる。2本爪と3本爪があり、凍った地面で滑らないように履く。マタギには、現代登山のアイゼンのように4つ爪の金かんじきもある。

注23　尾花帽子＝尾花はススキの穂。これを束ねて作った雪除けの帽子。あまり一般的ではない。

注24　がまはばき＝「はばき」は、漢字では「脛巾」とか「脛衣」と書き、脛当てのこと。稲わらで作った物もあるが、蒲の茎で作ったのが「がまはばき」。すねに巻きつけ、膝から下の防護に用いた。

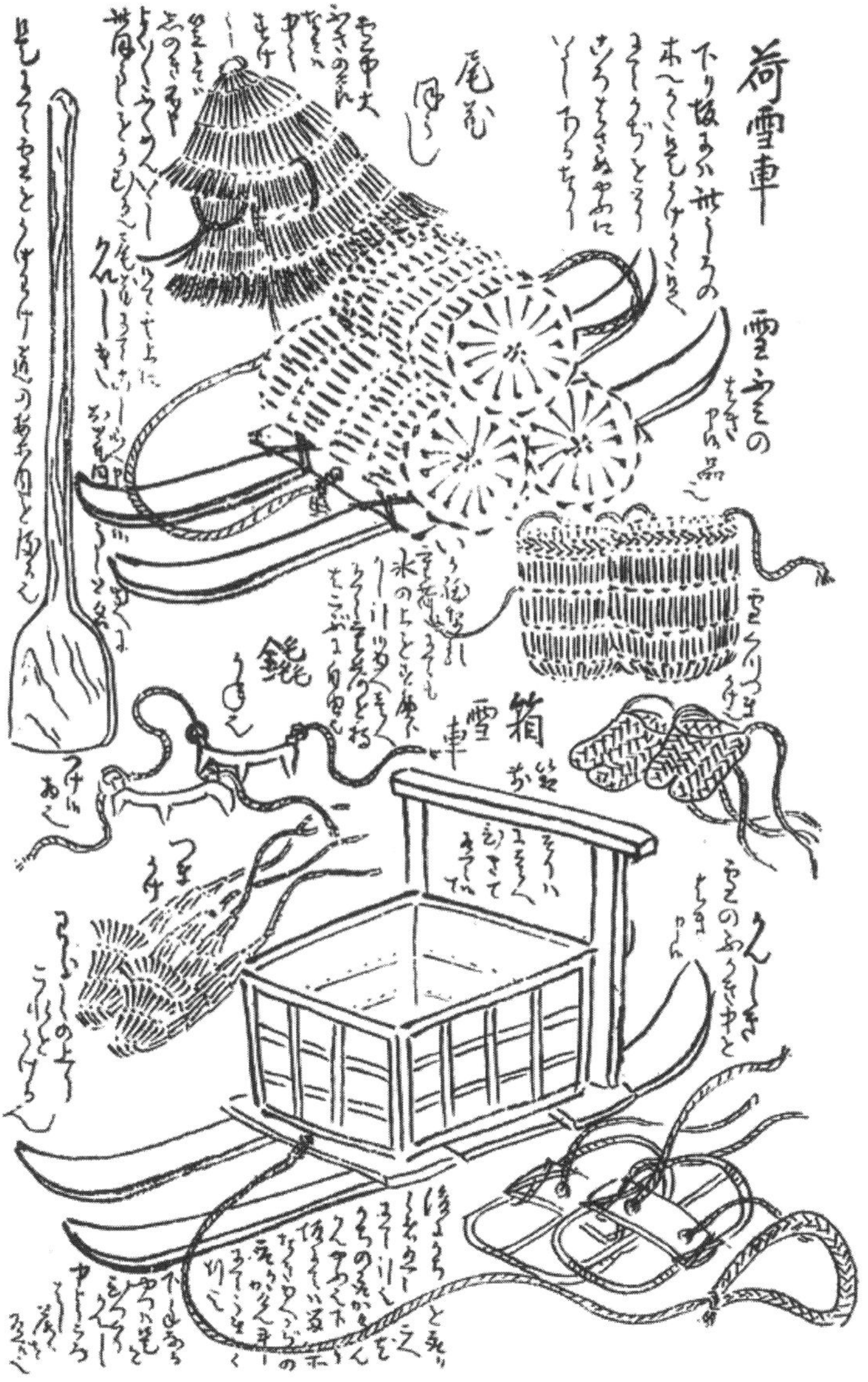

人を乗せる箱雪車（はこぞり）、個物を積む荷雪車（にぞり）、雪の上を歩くための「かんじき」、ヘラを大きくした雪かき用の木製スコップ「かいしき」など、さまざまな雪国の生活用具。

秋田の伝説あれこれ

◇八郎潟の八郎と田沢湖のたつ子

土崎湊から能代へ行く途中に、八郎潟といって、縦七里、横八里の潟がある。その向こうに男鹿山（注1）を見渡すことができて、まことに良い景色だ。

（男鹿は村の数もたくさんあり、田地も多い広い場所だという。舟で半島巡りをすればよい景色もあるということだが、道順の都合が悪くて私は行けなかった）

男鹿山というのは、八郎潟と海の間にあって狩猟もできる。

ここに湯治場があるそうだ。第一に体がよく温まり、瘡毒（注2）の皮膚病によく効く名湯だと聞いている。

八郎潟というのは、大昔は男鹿山から海へ流れ出る小さな川だった。この近くに八郎という木こりがいて、男鹿山のふもとに小屋を建てて三人で木を切っていたところ、この川にヤマベという魚がいるのを見つけ、三人で魚を獲り、小屋へ持ち帰って囲炉裏の火であぶった。二

注1　男鹿山＝男鹿半島は縄文時代初期まで、西部の男鹿三山（真山、本山、毛無山）、東部の独立峰である寒風山などの山々を擁する島だった。南北から砂州と砂丘が次第に発達して、その間に八郎潟を抱きながら本土と島がつながり、半島となった。最も標高の高いのは715メートルの本山で、半島の山々を総称して男鹿山と言うが、八郎潟越しに眺めると、潟のすぐ向こうに、縄文末期から弥生時代にかけて噴火を繰り返してできた寒風山（標高354メートル）の美しい山容が間近に見える。語佛師匠は「男鹿山から海へ流れ出る小さな川」が荒れて潟ができたと言っているので、位置関係から眼前の寒風山を指して男鹿山と言っているようだ。

余談だが、晩年は病床から離れることができず36歳で没することになる正岡子規が、26歳だった明治26年に八郎潟を訪れ、紀行文『はて知らずの記』を残している。「丘上に登りて八郎潟を見るに、四方山低く囲んで、細波渺々、寒風山の屹立するあるのみ」と風景を描写し、「秋高う入海晴れて鶴一羽」の俳句を得た。「丘上」というのは、J

人の木こりは酒を買いに出かけ、八郎一人が魚をあぶっているうちに、なんともうまそうな匂いに耐えかねて、ひとつ食ってみたら、それはもう、こたえられない味だった。知らず知らずのうちに、酒を買いに行った二人が戻らぬうちに、魚をみんな食べてしまった。するとしきりに喉が渇くので、手桶に汲んでおいた水を全部飲み干してしまった。それでも喉の渇きがおさまらないので、手桶を下げて川へ水を汲みに行ったが、水を汲む間ももどかしく、川へ入って口をつけ、川の水を飲んでいたところへ、二人の木こりが戻り、八郎の姿が見えないので、どうしたのかと探すと、手桶もないので川へ水を汲みに行ったのだろうと思い、その跡を追うと、八郎は裸になって、川に首までつかり、水を飲んでいた。「どうしたんだ」と声をかけられた八郎は事情を語り、「おれはこの川の主に魅入られ、もはや、あんたたちと顔を合わせるのもこれっきりだ。この二、三日のうちに、この川が荒れて大きな潟になるだろう。さっさと小屋から引き揚げるように」と言って、川の中に潜り、その後は行方がわからなくなった。二人の木こりは驚いて、大急ぎで小屋を片付け、引き揚げてしまった。

果たして八郎の言うように、ここに縦七里、横八里の潟ができたという。

R奥羽本線・八郎潟駅から北へ4キロほどの高台、三倉鼻である。現在は公園として整備され、子規の句碑がある。歌人の川田順、斎藤茂吉、結城哀草果、俳人の水原秋桜子なども訪れた絶景スポットで、羽州街道沿いだから、語佛師匠もここから八郎潟と男鹿山を眺望したのかもしれない。

注2　瘡毒＝性病である梅毒のこと。病状が進むと全身に発疹ができ、それが瘡蓋となるので、瘡毒と言われた。元来は西インド諸島の風土病だったが、コロンブスのアメリカ発見以後ヨーロッパに伝染し、大航海時代に全世界に広まった。日本にもヨーロッパ人の来訪によってもたらされ、江戸時代には遊里を仲介して全国に患者が広がった。

瘡毒に効く湯治場とは、男鹿温泉郷のこと。半島の先端、入道崎に近い半島の北岸にあり、千年以上前から知られていた。泉質は弱アルカリ性食塩泉。ホテル・旅館街が形成されたのは戦後のことで、国定公園男鹿半島の大規模宿泊地としてにぎわっている。

注3　仙北＝仙北郡。秋田県中央部の東側で、岩手県に接する奥羽山脈までの地域。現在は大仙市と仙北市の2市に統合されている。

注4　生保内峠＝秋田県から奥羽山脈を越えて岩手県盛岡市につながる国道46号は、トンネルになっている仙岩峠（仙北郡と岩手郡に由来する呼称）が県境だが、江戸時代の街道は、少し北側の国見峠を越えていた。国見峠の名が定着するのは江戸

八郎が魅入られた主はたつ子といって、八郎と夫婦になり、年々子供が増えた。仙北(注3)から南部へ行く生保内峠(注4)という所に潟があって、これをたつ子の潟(注5)と言い、たつ子はここへ引き移った。

八郎は春の彼岸から秋の彼岸までは八郎潟にいて、秋の彼岸になるとたつ子の潟へ帰るのだという。秋の彼岸の入りに大荒れの天気になるのは、この潟の主がたつ子のもとへ通うからだと言って、みんな外へ出るのに用心している。

八郎が通う際の宿(注6)は、久保田の茶町の角にある吉川という家だという。吉川家ではその日になると、亭主は精進潔斎し、二階にお膳を出すということだ。そんなわけで、この家の紋所は三つ鱗で、屋号を形屋というのだそうだ。本当に珍しい話と言うしかない。

八郎潟では、イナ、ボラ(注7)、鮒が名物で、大きい鮒は一尺もある。もっとも、そういう大物はまれで、たいていは五、六寸から八寸くらいまでで、これならいつでもある。

骨が柔らかくて味の良いチカ(注8)という魚もたくさん獲れる。これは土浦辺りで獲れるワカサギという魚の類だろう。また、ゴリ(注9)という魚もある。

海よりも漁獲はたくさんあって、寒中には氷の上に所々たき火をし

時代中期からで、それ以前は生保内峠とも呼ばれていた。現在も、岩手県側の国見温泉まで自動車道があり、そこから徒歩で国見峠まで行くことができる。晴れていれば遠く盛岡の市街地まで遠望できる峠には、「従是西南秋田領」と刻まれた石柱が立っている。これは嘉永5年（1852）、それまでの木柱を秋田藩が替えたもので、ここから北の方に少し離れた場所には、盛岡藩が立てた「従是北東盛岡領」の石柱もある。

　この地を訪れていない語佛師匠が「生保内峠」と書いたのは、伝聞だからだろう。峠の手前に街道の宿場である生保内（旧田沢湖町の中心地）があり、そこから北西に下った所に田沢湖がある。「オボナイ」はアイヌ語で、深く小さい沢のことで、生保内盆地を通って玉川に注ぐ生保内川を言ったことから一帯の地名となった。

注5　たつ子の潟＝田沢湖のこと。周囲約20キロのほぼ円形の湖で、水深が425メートルあり、日本で最も深い湖（湖底は海面より低い）。明治42年の観測で透明度が55メートルあり、翌年の観測でも39メートルを記録し、当時は世界一透明な湖だった。しかし昭和15年（1940）、田沢湖の水を引き入れた生保内水力発電所の稼働とともに、水量調節のため強酸性の玉川の水を田沢湖に導き入れたことから、その透明度は失われ、田沢湖の固有種とされ、食用に漁獲されていたクニマス（サケ科）も絶滅した。

て穴を開け、そこから網を入れて漁をするという。

◇太平山の三吉さん

大久保村(注10)、一日市村の東の方向に、太平良村という村がある。この村の山を太平山(注11)という。ここには山鬼神大明神(注12)という神様がいるという。

その昔、久保田の御城下の茶町に、小さな店を開いていた商人がいて、亭主に先立たれて後家になった人に娘が一人いた。この後家さんは太平良村の出身で、ある時、娘を連れて故郷へ行った。三、四月頃のことで、村にいるうちに娘は近所の娘たちと太平山のふもとにワラビを採りに行ったのだが、ほかの娘たちは日暮れには帰って来たのに、この娘だけが帰って来ない。ほかの娘に尋ねると、あの娘は山深くワラビを採りに行き、姿を見失って行方がわからなくなったという。いろいろ探したのだが、見つからないし、日も暮れて来たので、みんなで帰って来たという。そこですぐに人を頼んで探しに行ったが、行方は皆目わからない。

翌日になって、大勢の人を頼み、探したが見つからないので、母親はどうなってしまったのかと心配していたところ、三日目になって、

田沢湖を「たつ子の潟」というのには、八郎潟の八郎とよく似た起源伝説がある。

近くの村に住んでいた、辰子という美しい娘が友達とワラビ採りに出かけた。昼餉の準備をしているうちにひとりになった辰子は、小さな流れに見慣れぬ魚がいるのを見つけ、4、5尾をすくいとってたき火であぶりながら友達の帰りを待っていたが、あまりにもおいしそうなので1尾を食べるとたいへんな美味で、残りも全部食べてしまった。すると喉が渇き、探し当てた清水を飲んだところ、喉の渇きは増すばかりで、ついに腹ばいになって泉に口をつけて飲んでいるうちに、辰子はものすごい大蛇に化した。すると春の晴天が真っ暗になり、雷鳴がとどろき、豪雨が降り注いで山は崩れ、大きな湖水ができ、辰子の大蛇は湖の主となった。

驚いた母親が湖のほとりに立って泣き悲しむと、沖に神竜が姿を現し、「もう人間の姿に戻ることはできないが、孝養のために、母上の求める鮮魚を贈り、少しでもご恩に報いたい」と言って姿を消した。母親は「ああ、なさけない」と言って、手にしていた松明の燃え残りの「木の尻」を湖に投げ捨てた。すると、その「木の尻」が見る間に1尾の魚となって泳ぎ去った。その後、来客があると母親の求める数の魚が台所に現れるようになった。この魚がクニマスで、地元でキノシリマス(木の尻鱒)と呼んでいたのは、この言い伝えに

娘は自分で帰って来た。母親は喜び、そして驚いて、「三日も、どこにいたのだ」ときくと、「山深く入って道を見失い、あちこち歩き回ってようやく帰って来た」という。

きっとひもじい思いをしたのだろう言うと、ちっともひもじくなかったと答え、何事もなかったような顔をしている。

それで久保田へ帰ったのだが、娘の腹が大きくなってきた。娘も、もう十六歳にもなってはいるので、きっとどこかに親の知らない男ができたのだろうと問い詰めたが、そんな男はいないようだ。それからだんだん娘の腹が大きくなってきて、十五か月後に安産で男の子を産み落とした。

この子は生まれながらに歯が生えていて、二、三歳の童子にも劣らぬ大きさの、骨太でたくましい男子だった。しかし、誰の子ともわからなかった。

この子がだんだん成長して、五歳になったとき、娘の母親が亡くなった。それから十七日経ったので、娘は近所に母の病中の世話と野辺送りの礼を言って……

さて、私はせんだって、母と一緒に太平良村行って、近所の娘たちと太平山へワラビ採りに行った時に、山深く入って道を見失い、どう

よる。

余談だが、絶滅したと思われていたクニマスが2010年12月、山梨県の富士五湖のひとつ、西湖で発見されたというニュースが流れ、大きな話題となったことは記憶に新しい。京都大学の研究チームが、タレントでイラストレーターの「さかなくん」にクニマスのイラストを依頼し、その色を再現するためのサンプルとして各地から近縁種のヒメマスを集めたところ、西湖から送られて来たヒメマスが通常より黒っぽいことに気付いた「さかなくん」が、「これはクニマスではないか」と疑い、京大の遺伝子解析で本物のクニマスと判明したのである。田沢湖から昭和10年、日本各地にクニマスの受精卵を送って人工ふ化の実験を依頼したことがあり、西湖に放流されたクニマスの稚魚が自然繁殖していたのである。

注6　八郎が通う際の宿＝「奥のしをり」では、久保田の茶町の吉川という家を紹介しているが、八郎の往復には一定の宿があった。仙北郡内には何軒か「定宿」あり、決まった時期に美しい若者が泊まったという。その中の1軒で、「私の寝姿を見ないでくれ」と言われたのに、家の主人がのぞき見すると、若者は大きな龍に変じていた。寝姿を見られたことに怒った若者はその後、この家を訪れることはなく、その家は次第に家運も傾いて、ある時、洪水で家が流され、子孫も絶えたという伝説がある。

したらよいのかと思っていたところに美しい男性が現れ、この人の導きで仮の契りを結び、三日の間、そこに一緒にいたのだが、その男性の申すには、「我はこの太平山の神である。そなたは我と契り、すでに身ごもっている。このままここに留め置くべきだが、そなたには一人の母がいる。それゆえ、一度帰すことにする。腹の中の子は男子だ。これを産み落としたら、母の最期を見送ってから、その男子を連れてこの山へ来なさい。もし我の言うことをきかず、ほかに夫を持つようなことがあれば、そなたの命を取ることになる。決してこのことを母親にも言ってはいけない。さあ、早く帰って、またここへ来なさい」と申されたので、私もまた、「けっしてほかの男には添わず、腹に宿った子を産んで、大切に育て、母親を見送ったら、すぐに戻りましょう」と、固く約束して母のもとに帰って来た。

母を見送って十七日が経ったので、私はこの男の子を連れて太平山へ行くことにする。あとの家のことは、なにぶんにもご近所の皆さまでよろしいようにしてくだされるよう、お願いいたしたく、暇乞いに参った……

そう言って、近所をあいさつに回った。町内の人々は肝をつぶし、この事情を庄屋様に届け、それからお上へも申し上げた。お上では「そ

なお、八郎と辰子の伝説には続きがあって、秋から春まで主のいない八郎潟は厚く結氷し、八郎と辰子が一緒にいる「たつ子の潟」（田沢湖）はどんなに寒い冬でもけっして凍ることがないという説話である。

注7　イナ、ボラ＝海水と真水の領域を行き来する鯔（ボラ）は出世魚で、海で生まれた幼魚はスバシリ、川を少しさかのぼるようになるとイナ、成魚になって海に戻るころにはボラと呼ばれ、さらに巨大になるとトドと名前が変わる。若魚のイナが黒い背を見せながら群れをなして勢いよく川を泳ぐ姿から、「いなせ」という言葉ができた。また、結局とか、「突き詰めると」という意味の「とどのつまり」という言葉は、ボラが最大級に育ち、これ以上は大きくならないトドに由来する（スズキの最大級の大きさもトドといい、こちらも「とどのつまり」の語源とされている）。

注8　チカ＝キュウリウオ科ワカサギ属の魚。姿も大きさもワカサギによく似ているが、背びれと腹びれの位置が異なる。語佛師匠が「土浦辺りで」と言っているのは、霞ケ浦のワカサギ。

注9　ゴリ＝ゴリと呼ばれる魚は全国に多種あって、ほとんどが地方名だ。多いのはハゼの仲間と、カジカの仲間。秋田でゴリと言っているのは、ハゼ科のジュズカケハゼ。金沢名物の「ゴリ料理」はカジカを使う。

注10　大久保村＝羽州街道の宿場。潟上市昭和大

れはただ事ではない」というので、町内の人たちを見張り番に立てたのだが、娘はいつの間に忍び出たのか、行方知れずになってしまった。きっと太平山へ行ったのだろうと思われたが、山の中を探すこともできず、そのままになってしまった。

　娘は、男の子を連れて太平山へ行き、山姥、山男となったそうだ。

　この男子は、名を三吉という。有名な「秋田の三吉」（注13）というのが、この男子である。秋田の国で、武道でも、相撲でも、そのほかあらゆる芸の日本一と名乗り、三吉はいろいろな姿に変化して、諸芸の相手になったという。

　仙台出身の谷風梶之助（注14）は、日本一の相撲取りで、秋田へ下った折、ある晩、三吉は座頭に姿を変え、あんまとして谷風の宿に来た。梶之助が肩をもませると、「その方はとても力がある。今まで、その方くらいの力のあるあんまに出会ったことがない。よほどに指先に力がある」と言った。すると、その座頭が「それなら、我としっぺい打ちをしてみよう」と言うので、谷風が「それならまず、私が打ってみよう」と、座頭の握りこぶしに谷風が力を込めてしっぺいを打ったのだが、「ちっとも痛くない」と座頭が笑いながら言い、「では、我のしっぺいを受けてみられよ」という。

久保。

注11　太平山＝秋田市と北秋田郡の境界にある山。奥岳（標高1171㍍）を最高峰とし、前岳、中岳の3峰があり、古くは「三本岳」の名もあったという。現在は太平山県立自然公園として登山道などが整備され、スキー場もあり、多くの人でにぎわっている。

　太平山を、今は「たいへいざん」と読むが、古くは「おいだらやま」と呼ばれていた。江戸時代になって、「日の出の地を太平と号す」という中国の古い書物に典拠して、「城の東にあるから、太平」と漢音の読みに定めたとされるが、その正確な年代はわからない。

　「おいだら」は、「ダイダラボッチという巨人が、近江の国の土を掘って運び、積み重ねたのが富士山で、掘った跡に水が溜まって琵琶湖ができた」など、日本各地に残る巨人伝説の「ダイダラボッチ」が、秋田では「オイダラボッチ」に変化したという説がある。「おいだら」には狼平という漢字表記もあったと言われ、「オオカミダイラ」が縮まって「おいだら」になったのはうなずけるが、「太平」を「おおだいら」と読み、それが「おいだら」に変化したというより、「オイダラボッチ」が先にあって、後から漢字を当てたとする説の方に説得力があると思われる。

注12　山鬼神大明神＝現在の太平山三吉神社の前身と思われるが、神社の由来書にこの名は見られ

谷風もぬけめのない者で、「さては、これは三吉であろう」と気づき、「そこにある碁盤の上に握りこぶしを置くから、打ってみなさい」と言うと、座頭の顔色が変わった。座頭がしっぺいを打ち下ろす間際、谷風がこぶしをさっと引くと、しっぺいは碁盤にうち当たり、碁盤の角を三角に打ち落とした。すると座頭は目を開き、にっこり笑って立ち去ったという。

その翌日、その日の相撲の結びの一番で、行司が「片や、谷風」と名乗りをあげたところへ、十五、六の若衆が飛び入りで出て来た。行司も、これは三吉だろうと気づき、相撲を取らせなかったそうだ。

また、しばしば姿を変えて酒屋などに現れ、酒を飲ませてくれと言う。これは三吉さんかと気づき、気持ちよく酒を飲ませると、その夜のうちに大きな木をホキホキとへし折って材木にし、酒の代価より倍にして店の表に積んでおく。もし、酒を飲ませずに帰すと、さまざまな仕返しをしたそうだ。

その時分、太平山へ焚き木などを取りに行った人が、山深く入ると三吉が現れて「ここから先へは行っていけない、わが母は鬼人になって、食うものがないので人間を見ると取って食うから、ここからさっさと帰りなさい」と教えてくれるという。それで村人は、赤飯やおこ

ない。社伝によると天武天皇の御代、修験道の祖とされる役行者（えんのぎょうじゃ）によって信仰の山となったとされる。

役行者の本名は役小角（えんのおづの）と言い、飛鳥時代、大和の葛城山に住む実在の人物だったが、時代が下るにつれ、大和朝廷に従わない「山人」だったため伊豆国に流されたものの、海の上を自由に飛んで富士山へ行ったというような超人伝説が生まれた。葛城山は古くから霊山とされ、神の言葉を伝える人々がいて、仏教が国家的な立場で興隆した後には、庶民は逆に葛城山の神を尊敬するようになった。中でも人々の信望を集めたのが役小角だった。そして奈良時代、仏教がますます国家の庇護を受け、所属する僧侶をさまざまに拘束するようになると、それを堕落と考える仏教徒の中には山に入って修行する人が数多く現れた。これが修験（山伏）で、彼らによって役行者伝説が流布されることになった。

太平山も山岳修行の場として信仰を集めたが、熊野や出羽三山とは別個の、秋田固有の神山と位置付けられている。そして、武神としてあがめられ、古くは坂上田村麻呂、近世では藩主佐竹氏をはじめ武人が信仰し、各地に三吉神社が建てられた。明治元年に作られた社伝には、戊辰戦争で庄内藩、盛岡藩に攻め込まれて苦戦となった時、神主らが日夜祈祷を続けたところ、あちこちの山の頂に神旗が飛来し、戦いを勝利に導いたと、その

わなどを作って持って行き、「なにとぞ、これを食べて、人間をとり食らうのはご免してくれ」とお願い申し上げると、「殊勝な者どもだ。母にもこれを与え、けっして人間を取り食うことはさせない」と三吉は言ったという。

お上もこのことを聞き及び、この山に神社を建て、山鬼神大明神として祀られるようになった。

まことに、これらは珍しい話である。

霊験が記されている。

注13　秋田の三吉＝『菅江真澄遊覧記』（東洋文庫）の「月のおろちね」では、山鬼神に「さんきち」と読み仮名を振っている。また、別に「この山に三吉（さんきち）という神鬼がいて、ときおり見た人がいるともっぱら語られている。山鬼神（さんきじん）というものをいうのであろうか」とも書いている。

三吉の名の由来には、修行者の中に鶴寿丸藤原三吉がいて、後に太平山の神々の中に合祀された（『秋田大百科事典』）という説もある。太平山三吉神社が編纂した『太平山の歴史』では、戦国時代とは断定していないが、山のふもとの太平城の城主が鶴寿丸藤原三吉で、慈悲深く、勇猛な武将だったが、不意を突かれて大軍に攻められて落城し、太平山の幽谷に逃れて隠れ住み、現人神となって怨敵を滅ぼしたので、世の人々が崇敬して三吉大神として祀ったと紹介している。

どちらも史実ではないが、三吉という名前は古くからよく知られていたことを示す説話だ。そして、三吉の由来については、この「奥のしをり」の記述が最も詳しいと評されている。

さらに三吉は、巨人ダイダラボッチ伝説と結びつき、秋田県内各地に民間説話を生んだ。例えば、ある長者の家に奉公していた若者が「前の田の稲を、背に負えるだけもらっていいか」というので、長者が許すと、一千刈もある山のような稲を全部背負って歩き出したので、慌てた長者が追いかけると、稲束を2把落として行ったので、この地を稲庭（名産品「稲庭うどん」で知られる湯沢市稲庭町）というようになった、という類の話である。

注14　谷風梶之助＝江戸相撲で最初に横綱土俵入りを許された力士。ただし、番付で横綱が正式に記載されるようになったのは明治38年（1905）からで、それまでの最上位は大関。土俵入りは元々、地中の悪霊邪神を除くために地を踏む儀式で、寛政元年（1790）11月、深川富岡八幡宮の相撲興行の際に、東西大関（谷風と小野川喜三郎）が横綱を締めて土俵入りをしたのが、横綱の始まりとされている。谷風は身長1メートル89センチ、体重161キロと記録される巨漢で、230回の取り組みで黒星はわずか11個という、無類の強さだった。

　谷風と三吉さんの逸話は、「奥のしをり」にしか見られないが、三吉さんは相撲が大好きだったと言われ、相撲を取る仙北の若者が太平山に登り、酒3升と2升の餅を奉納したところ、たちまち強くなったという民話もある。

ここまでに書き残したこと

◇寺内の古四王神社

土崎湊から久保田の城下への途中、寺内という所に古四王大明神というお社がある。

（寺内から御城下への道筋は前にも書いたが、城下へ急いでいたので詳しく書けなかった。それで、ここに神社のことを書く。順序が前後してしまうが、追加で書いておくことにした）

神社の山から土崎湊の浜を見渡すと、南には上野荒谷から仙北へ通う舟の川筋（雄物川）を見下ろし、良い風景だ。

この神社の御祭神は、年を経た亀（注1）を祀っているという。それで古四王神社というのだそうだ。俗には「こしょう様、こしょう様」と唱える。

正月と九月八日に、ことのほか多くの人が参詣する。中でも正月の八日には、佐竹の御家中、それに町方の人も「寒参り」といって、雪の中でもご家中は帷子に麻裃を召し、町人も一重の着物に襦袢、また

注1　御祭神は、年を経た亀＝寺内の古四王神社の祭神は武甕槌（タケミカヅチ）神と、大彦命（オオヒコノミコト）なので、「亀」は祭神ではなく、御神体かと思われる。神仏混淆だった江戸時代、この神社には「亀甲山」という山号があった。

祭神のうち、武甕槌神は、天孫降臨の前に高天原から地上に派遣された武神。鹿島神宮（茨城県鹿嶋市）に祀られる神でもある。

一方の大彦命は、第11代垂仁天皇の母の父、つまり天皇からすれば外祖父。第10代崇神天皇は服属しない人々を討伐するために四方（北陸、東海、西海、丹波）へ四道将軍を派遣したが、このうち北陸へ行ったのが大彦命。社伝によると、大彦命が武甕槌神を祀ったのが神社の創始で、その後、『日本書紀』にこの地方の蝦夷を征伐したと記されている阿倍比羅夫が大彦命を合祀し、古四王神社と命名した。

この阿倍氏一族は、大彦命の末裔とされている。しかし、「奥のしをり」で「亀を祀っているから古四王神社」と書いている理由は、よくわからない。中国の神話に登場する「四神」という霊獣の

は赤裸の素足で参詣する。

鳥居の前には茶屋が三、四軒あり、正月と九月はとてもにぎわう。

ここに伽羅橋（注2）という小さな橋がある。そのわきに、「こうろぎ」と言って、下層民でも普通の町人でもない人たちがいて、袋を持って御城下や郊外の村々をまわり、門前に立って「こうろぎ」と言うと、家々では米や銭をくれてやる。

これは、どういう人たちなのかと尋ねたら、昔この辺りを支配していた秋田城之助殿（注3）の家来で、ここに落ち着いた者が六人いた。もともとは武士だったので、農業や山仕事はできない。先祖から持ち伝えていた伽羅の木を細かく切って角々に立ち、「香炉木を買わぬか、香炉木の御用はないか」と売り歩いていたが、そのうちに伽羅を売りつくしてしまい、しかたないので物貰いになったということだった。

それで今でも、門前に立っては「香炉木、香炉木」と言って歩くのだそうで、この橋も伽羅橋というのである。香炉木売りとも、または香六崎とも言うそうだ。

なるほど、そういうわけがあったのだ。

橋の先に、五百羅漢の寺（注4）がある。これは、どこからか来た信心深い人が、丹精を込めてこの五百羅漢を建立したという。今では一寺一山

ひとつ、「玄武」は亀で、北方を鎮護するとされているから、都から見て北の方角にある神社と結びついたのかもしれない。
注2　伽羅＝アジアの熱帯地方に育つジンチョウゲ科の樹木、「沈香」から採取する天然香料の中で、濃い茶色の優良品を「伽羅」と言う。高価な輸入品だが、「香炉木」も一般的に使われていた別名。
注3　秋田城之助＝正しくは、秋田城介。古代、北国の蝦夷に対して置かれた秋田城の司令官。後に陸奥国司の次官の役職となり、秋田城が廃止された後も武官名として任命された。戦国武将の安東実季が秋田湊（秋田市土崎）を本拠地とした際に秋田城介を自称し、姓も「秋田氏」を名乗った。
常陸から佐竹氏が秋田に入部したのと入れ替わりに、秋田実季は常陸・宍戸5万石に移封され、その子の俊季の時に三春（福島県田村郡三春町）に移り、明治維新まで11代続いた。「こうろぎ」は、秋田氏の移封の際、秋田に残った人たちである。
注4　五百羅漢の寺＝西来院。羅漢像を彫ったのは能代の船頭。「久保田城下で年を越す」の項の「注2」参照。
注5　お仕置き場＝八橋に入る手前に、罪人を死罪にする草生津の刑場があった。執行日は毎年10月27日に決まっていたという。
注6　三、四丁先の橋＝草生津川に架かる面影橋。処刑場へ向かう死刑囚が、この橋の上から、川を鏡として自分の顔を最後に見たことから「面影橋」

となり、久保田のお屋形様がお立ち寄りになられた時の座敷まで造っている。

ここから五、六丁先に、お仕置き場[注5]がある。

それから、また三、四丁先の橋[注6]を渡ると八橋村である。家の数は百四、五十軒もありそうだ。ご城下のお侍、それに町の人たちの春先の行楽地で、料理茶屋、飴屋、餅屋、菓子屋などがたくさんある。

山王の社[注7]があって、神主は土崎の大隅殿とおっしゃる。大隅殿の弟で紋次殿と申される方は、先年、我らが土崎湊に住んでいた節に兄弟同様にしていて、紋次殿は湯屋を営んでおられた。紋次殿は故人になられ、その女房が今では新地に「かね木」という遊郭を開いている。

東照宮のお社[注8]もある。別当は寿量院様と申され、宮家につながる方で、江戸・上野の東叡山からこちらにお越しなされたということだ。

（この八橋で、貝焼風呂[注9]というものをこしらえている。ほかの所でもできるが、ここで作る貝焼風呂は火が消えにくく、名物だという）

◇錦木塚の詳細[注10]

南部の毛馬内から花輪へ出る途中に、錦木塚がある。ここを毛布の里という。

の名がついた。なお、「くそうづ」の語源は「臭水」で、石油のこと。この一帯には古くから石油がわき出ていて、川面を五色に染めていた。

注7　山王の社＝久保田城下外町の鎮守、日吉八幡神社。「久保田城下で年を越す」の項の「注4」参照。

注8　東照宮のお社＝東照大権現、つまり徳川家康を祀った神社。江戸・上野の東叡山から来たと書いているのは、徳川家の菩提寺である天台宗の東叡山寛永寺のこと。初めは江戸の鬼門に当たる方角に幕府の祈願寺として建てられ、東の比叡山という意味で「東叡山」、その時の年号が「寛永」だったので寛永寺と名付けられた。江戸の徳川家の菩提寺は、その前から芝の増上寺があったが、3代将軍徳川家光の遺言で寛永寺も菩提寺とされた。その後まもなく、天皇の皇子で仏門に入った法親王を代々の住職として迎えるようになった。八橋の東照宮の別当を「宮家につながる方」としているのも、徳川将軍家にゆかりの神社のためだろう。ただし、これが史実かどうかは確認できない。

注9　貝焼風呂＝ホタテガイの貝殻を鍋代わりにする、1人用の鍋料理が貝焼（かやき）で、貝殻を乗せるミニ七輪が「きゃふろ」。「貝風呂」、あるいは「粥風呂」、または「食（け）の風呂」の転訛と考えられている。なお、秋田県教育委員会が編纂した『秋田のことば』でも「風呂」と表記

昔々、この里へ、京都から落ち延びて来られた姫がおられた。毎日、細布というものを織っていたところ、草木村という所の若者が姫を恋慕って、姫の門前に錦木という木を削って美しく染め、立てておく。女にその気があれば、これを取り入れるという。つまり、恋がかなうしるしだということだ。

その男は来る日も来る日も錦木を持って来て立てるのだが、木は取り入れられることもなく、若者は恋の病で死んでしまった。

その後、姫も亡くなられたので、この場所に埋めて姫塚と名付けた。そのうちに、毎年七月になると、姫塚まで草木村からその男の魂が通う道の跡ができたという。

姫塚のそばに杉の大木がある。この杉に大きな蛇が棲みつき、春の頃、ここに遊山などに行って弁当や酒肴などを取り出すと、杉の枝から蛇がぶら下がり、飯や肴などを与えるとそれを食って立ち去るという。これは、姫の機織り機の棒が蛇に変じたのだと言い伝えられている。

この姫をかくまったのは、古川村の黒沢角兵衛という人で、今もその家の跡がある。代々、布を織って家業としていたという。

古い歌に「錦木はたちながらこそくちにけりけふの細布むねあわづ

しているが、茶席で湯をわかす炉を「風炉」と言い、火を焚く道具なので、漢字としては「風呂」より「風炉」の方が適切と思われる。

注10　錦木塚の詳細＝「八戸から鹿角へ」の項で、（錦木塚の由来は、あとで詳しく述べる）と書いた「詳細」がこの部分。

注11　「錦木はたちながらこそくちにけりけふの細布むねあわづして」＝『後拾遺集』にある能因法師の歌の引用だが、『後拾遺集』では「錦木は立てながらこそ朽ちにけれ今日の細布胸あはじとや」となっており、語佛師匠の書き留めた歌とは若干の相違がある。また、「あわづして」は「奥のしをり」の原文通りだが、文法からは「あはずして」が正しい。

注12　先祖は桜庭兵助＝桜庭氏は、南部氏初代光行以来の譜代の家臣。しかし、鹿角の毛馬内に領地を得たことはなく、「奥のしをり」の記述は、同じ譜代の家臣である毛馬内氏と混同していると思われる。

鹿角の毛馬内は、アイヌ語に由来する地名。南部氏の庶流である秀範の所領となり、秀範は毛馬内氏を名乗った。毛馬内氏は後に、花巻城の城代となる。

桜庭兵助は実在し、「奥のしをり」で紹介された藩主継承譚にもからむが、桜庭氏で有名なのは、父の直綱と、祖父の光康で、南部氏が戦国時代末期に大きく版図を広げる際に活躍した。「奥のし

して（注11）」とあるが、細布は幅が細いのではなく、糸が細いので細布というそうだ。

この細布は今でも、毎年一反ずつ京都へ運ばれて、公家の奥方の腹帯にされるという。京都に上らせる細布を織るには、主は七日間精進潔斎し、布を織りあげるまでは部屋を閉め切り、人には会わないと聞いている。

黒沢家の別家が大館に来て、秋田城之助殿の家臣となって、黒沢安右衛門と申されるそうだ。今も、その家の跡が大館にあるそうだ。

◇隠し子から盛岡藩主となった殿様

毛馬内の桜庭（さくらば）肥後様とおっしゃる方は五千石を領して、ご先祖は桜庭兵助という（注12）。

南部の殿様が三戸から盛岡へ引き移られた時（注13）、国中を巡見され、宮古という所から花輪村（注14）に来てお泊りになられた。田舎のことで淋しく、ここに見目の良い女性がいれば酒の酌をさせたいとおっしゃるので、庄屋の山崎善右衛門という人の娘がたいへんな美人だったので差しだしたところ、非常に気に入られ、この娘を寵愛して三十日ほども逗留してからお帰りになった。

をり」の時点で「先祖は」と名を出すのなら、光康か、その子の直綱を挙げるべきだろう。

注13　南部の殿様が三戸から盛岡へ引き移られた時＝南部氏は、八幡太郎源義家の弟、義光を祖とする源氏の流れで、義光から4代あとの光行の時、父親の領地の一部だった甲州（山梨県）巨摩郡南部郷を与えられたことから南部氏を名乗るようになった（光行は3男で、それ以前に所領はなかった）。これが南部氏の初代とされる。

南部光行は、源頼朝の奥州藤原氏攻めに活躍して、「糠部五郡」の地頭となった。この所領が正確にはどこなのか諸説があるが、おおよそ現在の岩手県最北部と青森県全域、それに秋田県の鹿角地方とみられている。領地に赴任した光行は、三戸（青森県三戸郡三戸町）を居城とした。その子は一戸、三戸、四戸、七戸、八戸、九戸とそれぞれに領地を分け与えられたが、三戸南部氏が本家とされた。

戦国時代、南部氏26代を継承した信直は、南進して現在の北上市付近まで攻め取って、「南部中興の祖」と言われる。さらに豊臣秀吉の小田原攻めに参陣し、秀吉の奥州仕置き（領地の再配分）を不満とした一族の九戸政実が天正19年（１５９１）に起こした反乱を、秀吉の援軍を得て鎮圧した後、居城を盛岡に移すことにした。そしてほぼ出来上がった盛岡城に住んだが、関ケ原の合戦の前年、慶長4年（１５９９）10月、54歳で病没し

この娘が見重になったので、それを申し上げたところ、盛岡にお引き取りになり、ご城内に御殿をこしらえて隠しおかれた。そのうちに男子が誕生した。しかしながら、奥方様はじめ家臣の方々にも内緒にしておいた。

この男の子が五歳の時、殿様が急病で亡くなってしまった。奥方にも、側室にも男子がなかったので、この子を養子とすることになり、桜庭兵助殿が子供の寝間に忍び込んで、五歳になられた男子を抱き抱え、家来の和井内佐角という者に背負わせ、江戸表へまず旅立たせた。自分はあとから駕籠に乗り、急の御用だと言って江戸へ上り、江戸詰めの家老衆と相談し、この子を世継ぎとしたい旨をご公儀に申し上げて、世子とした。

桜庭兵助が江戸へ上った際には十六人を共に連れ、きな粉餅を弁当にして、昼夜の別なく急いで江戸に到着したという。

和井内佐角が五歳の男の子を背負って、一ノ木戸境の明神まで来たら、子供が母を慕って泣き出し、いろいろなだめすかしても泣きやまない。その時、茶屋の老婆がきな粉餅を差し上げてなだめたら泣きやんだので、この子が殿様になって（注15）初めて参勤交代で江戸へ上る時、この茶屋に立ち寄られて、この老婆にごほうびを下された。それで、今

た。盛岡城を完成させたのは、跡を継いだ利直で、これが盛岡藩初代である。

「奥のしをり」が伝える話は、盛岡に築城した南部信直ではなく、盛岡藩初代の利直のようだ。

注14　宮古という所から花輪村に来て＝宮古は、現在の岩手県宮古市。リアス式の三陸海岸で、最も大きな宮古湾の奥深くに位置する。江戸時代以前は寒村だったが、盛岡藩初代の南部利直が藩の外港と定め、町を作り、盛岡まで約１００キロの街道を整備してから大発展した。

語佛師匠は、「奥のしをり」の旅では宮古へは行かず、盛岡から八戸、そして鹿角へと移動しているので、誰かから聞いて書き留めた逸話に出て来る花輪を鹿角地方と勘違いしたようだ。この花輪村は、当時の閉伊郡花輪村のことで、現在は宮古市内、花輪小学校のある辺り。

現在も宮古市を中心に上閉伊郡、下閉伊郡があるが、この辺りは戦国時代、鎌倉幕府の御家人から続く閉伊氏の勢力圏だった。それを南部信直の家臣、桜庭光康が攻略して南部領となり、桜庭光康は晩年に閉伊郡を知行地として与えられ、現在の宮古市千徳町を本拠地とした。宮古市長根の長根寺に桜庭家累代の墓がある。

注15　この子が殿様になって＝語佛師匠は長々と書き綴っているが、この物語に全面的に合致する盛岡藩主はいない。かろうじて、3代藩主、南部重信がそのモデルと思われる。

でもこの餅を「南部餅」とも、「南部姥」ともいうそうだ。これが、境の明神の「南部餅(注16)」の由来である。

兵助はこの時から、桜庭肥後殿と改名され、代々、五千石の御家老格となった。その家来にもそれぞれ褒美が下され、和井内佐角殿は桜庭家の家臣だったが、盛岡に召された際には騎乗を許された。また、江戸へ上った十六人も城下へ出る時には領地持ちの武士の格式で遇された。

この吉例によって、今も江戸へ殿様がお上りになる際は、生まれ育ったお部屋のある御殿においでになり、密かに忍び出た門からお立ちになられる。その際、お供の家来たちにきな粉餅を下され、殿様も召し上がられてから出発されるということである。

殿様の母親の実家である花輪村の善右衛門には、津軽の九十九里という川筋(注17)の一円を下されたそうで、毎年、善右衛門から鮭を百本ずつ殿様に差し上げたという。

初代利直の跡は、3男重直が相続したが、この人はどういうわけか、世子を決めずに世を去り、「跡継ぎのいない家は改易」という幕府の定めに従えば、盛岡藩は消滅する危機に見舞われた。結果として、3代藩主となるのは、初代利直の5男、つまり重直の弟、重信である。この人の出自、藩主になるまでの経緯には、「奥のしをり」の記述にも似た物語がある。

南部利直は元和元年（１６１５）、領内巡視で宮古を訪れた際、郷士花輪内膳の家に泊まり、娘の松子と戯れたという。一説には、松子は宮古刈屋村の箱石某の娘で、藩主に酒の酌をしたのが縁で寵愛をうけたという。いずれにせよ、この娘が翌年、男児を出産した。利直は桜庭直綱を派遣し、この男児の誕生を確認させたが、公表しなかった。養い親である花輪内膳は、この子を近くの寺に託して読書や習字を学ばせた。

寛永元年（１６２４）、桜庭直綱がこの子を迎えに行き、盛岡に連れ帰った。藩主利直は、この子に花輪彦左衛門重政と名乗らせ、７６０石の扶持を与えた。花輪重政は寛永15年、妻を迎える。正保4年（１６４７）、盛岡藩家老の七戸直時が死去し、後嗣がいなかったので、花輪重政に跡を継がせ、重政は重信と改名した。重信は２３００石の大身となった。

そして寛文4年（１６６４）8月、2代藩主、南部重直が世子を決めないまま江戸藩邸で没し、盛岡藩は存亡の危機にさらされることになる。

重直が危篤との報せがあり、家臣に勧められて重信はとりあえず江戸へ向けて旅立った。途中の桑折（奥州街道の宿場。福島県伊達郡桑折町）で重直死去の報せが届き、重信は引き返そうとしたが、江戸家老から上洛を促す連絡があって重信はそのまま江戸屋敷に入った。そして密かに老中稲葉美濃守に進退をうかがうと、「悪いようにはしないから、ひとまず帰国して、沙汰を待つように」と言われ、重信は帰国した。

そのころ、盛岡藩内では藩主の後継をどうするかで、3つの派閥ができていた。まず、重信を押す一派。八戸南部氏を推す一派。それに、「徳川将軍家から人を迎えよう」という一派だった。

このうち、重信を推挙したのは家老の毛馬内（けまない）三左衛門の一派で、「毛馬内党」と呼ばれた。彼らが幕府に差し出した「重信を後継に」という訴状の中に桜庭兵助の名がある。

11月になって幕府から呼び出しがあり、老中酒井雅楽頭から「盛岡10万石のうち8万石を重信に、残り2万石は弟に与えて大名に取り立てる」との決定を伝えられた。そして12月15日、重信は将軍徳川家綱に拝謁して正式に藩主の座に着いた。

この時、2万石の大名に取り立てられた弟というのは、母方の姓を名乗っていた中野数馬というわずか２００石の藩士だった。城地が八戸に決まり、名も直房と改めたのは翌年のことで、これが八戸藩の始まりである。

……長々と「史実」を書いたが、これは歴代藩主の治績を詳述した『南部史要』に準拠した。ここには、語佛師匠の聞き書きによる「奥のしをり」を連想できる部分もあるし、明らかな相違点もいくつかある。

まず、重信を産んだのは「庄屋の娘」ではなく、「松子」という名前の女性だったこと。この女性を盛岡に引き取ったことはなく、ましてや御殿を与えたという事実もない。松子は終生、故郷を離れず、花輪村で没している。ただし、『南部史要』にも誤りがあって、桜庭直綱は元和6年（１６２０）に没しているので、寛永元年（１６２４）に花輪村へ男子を迎えに行ったのは、息子の桜庭兵助のはずだ。

次に、父親の利直は寛永9年8月に江戸藩邸で没したが、急死ではないし、3男重直を世子として届けていたので、相続の紛糾もない。この時、重信は満16歳になっていた。

南部重信が3代藩主となったのは、48歳だから、事実とは全く異なる。そして藩主の座にあること29年、78歳で隠居し、87歳で没した。新田開発に努めて幕府に申請し、元の10万石に復するなど数々の治績を残し、盛岡の歴代藩主の中でも名君と評されている。

注16　境の明神の「南部餅」＝この場所は不明。「南部餅」も現在までは継承されていない。想像をたくましくすると、幕府から呼び出しを受け、藩主決定の沙汰をうかがうために盛岡を出発した際、重信を推挙した「毛馬内党」の面々が桜庭兵助の屋敷で門出を祝し、その多くが伊達氏の仙台藩との国境である鬼柳（北上市）まで重信を見送ったと記録されているので、「境の明神」はこの近辺かと思われる。しかし、「奥のしをり」の物語は、ほとんどが創作であり、時代が下るにつれて様々な脚色の尾ひれがついているので、「奥のしをり」の旅の当時にはあった「南部餅」の由来話が紛れ込んだのかもしれない。

注17　津軽の九十九里という川筋＝不可解な一節だ。盛岡藩の藩主が、他国の津軽藩にある川筋を与えることは考えられない。原文は「津軽名九十九里と申川筋」で、「名」の字のわきに（カ）という注釈がついてい

る。これは、原書を解読する際に、どちらの字か確信がなかったのかもしれない。もう少し考えると、これは「石」という字の崩しを読み違えたのかとも思われる。というのは、宮古市の南に隣接する下閉伊郡山田町の山中に端を発して、宮古湾に注ぐ津軽石川があるからだ。

津軽石川は、今もたくさんの鮭が産卵のために遡上する川として知られ、河口で鮭を捕獲し、採卵して人工ふ化させ、稚魚を放流している。別名「鮭川」ともいう。産卵期を迎えた鮭のオスは、鼻先が下に向かって曲がるので、昔から「南部鼻曲がり鮭」と呼ばれて有名だった。

「九十九里」というのは、非常に長い川という意味か、または「九十九」には、九十九折り（つづらおり）という言葉のように「くねくねと曲がる」という意味があるので、山間を縫うように流れる津軽石川の川筋の形状を示す別名かとも思われる。ただし現在は、この別名は聞かれない。

秋田より津軽まで

◇津軽の印象

津軽での物の売り買いには銀を使う(注1)。銀一匁は六十文、一分は六文である。銭相場は金一分が銀二十八匁、二朱は十四匁だ。米は当時、四斗が一俵で銀十八匁くらい(注2)だった。酒は一升が銀二匁五分くらいで、極上の酒(注3)だった。すべて物価が安く、とても暮らしやすい国である。

言葉は「ねー」とよく言う。「しかも」という言葉もよく使う。

魚は、青森からやって来る。弘前城下でも、黒石でも安い。大鯛という魚があった。ヒラメ、カレイ、ソイ(注4)、アブラメ(注5)、アワビは小さく、タコは水ダコ(注6)である。ニシン、塩引き鮭の類が多い。川マスもたくさんある。筋子は松前から来る。カセ(注7)は平内(注8)名物で、塩辛にして「ウニ」と呼んでいる。

石仏川という川で、瑪瑙(注9)がとれる。青森の由蔵殿から瑪瑙の玉をもらった。

浅瀬石川(注10)の上流では、イワナという魚が名物だ。ヤマベ(注11)という魚も

注1　物の売り買いには銀を使う＝津軽藩内では、通貨は銀を基本としていたことがわかる。「奥のしをり」のこれまでの旅で、仙台藩と秋田藩では藩札、盛岡藩では金貨が基本だったことを思い出してほしい。江戸を中心とした東日本では金本位制、西日本では銀本位制というのが、江戸時代の通貨の基本とされているが、藩によって相違のあることがわかるだけでも、「奥のしをり」の記述が貴重な記録であると言える。江戸以北で津軽藩の通貨が銀を基本としていたことは非常に珍しいことなのだ。

そこで、金、銀、銭の換算率だが、寛永2年（1625）に幕府が定めた公定換算率では、金1両＝銀60匁＝銭4貫文（4千文）となっている。実際にはこの通りには流通せず、その時々のお互いの相場によって両替された。幕末には金が海外へ流出して高騰し、金1両＝銭10貫文（1万文）にもなった。

では、語佛師匠の記録した津軽藩の換算率を見てみよう。

公定換算率で銀1匁は銭67文だから、「銀一匁

いて、これはマスの子だという。風味が良い。
また「ワレ」というのは、江戸では「私」ということである。

◇加護山に逗留

天保十四年（１８４３）、癸卯の年の四月六日、秋田の能代の丸万八郎兵衛方を出立して、鶴形という駅から飛根村を経て切石という渡しを越え、荷上場村という所から半里ばかりの加護山（注12）という所へ行った。ここは、阿仁の八つの山の銅を運んで来て、金銀に吹き分ける場所で、金銀はお上へ上納し、銅は能代湊から長崎へ向けて積み出す（注13）。加護山は八つの鉱山の元山で、そのお役目の方の家のほか、家の数は五、六十軒ほどもある。

ここに詰めておられるお役人は船山官平さまとおっしゃり、久保田（秋田）の片岡郡蔵さまから支配人の田口市十郎殿と申される方へ紹介状をいただいていたので、お訪ねした。

そうしているうちに、七日に小沢という所から大久保正太様とおっしゃる方がおいでになった。この人は久保田にいた時から知っていて、大町二丁目の山崎屋万蔵さんからの手紙を預かっていたので、早速お目にかかった。

は六十文」というのは、ほぼ近い金額だ。次の「一分は六十文」というは「銀1分」のことで、「銀一匁」の10分の1。「一分」という通貨は通常は金貨の単位で、4分で1両、1分は4朱と定められていた。天保八年には「天保一分銀」が発行されていて、これは「金一分」に相当する銀貨であるが、銀貨だけの「1分」という単位があったことが、この記述でわかる。

「銭相場は金一分が銀二十八匁、二朱は十四匁」と書いているのは、公定換算率の「金1分＝銀15匁」より金の価値が高いことを示している。金貨、銀貨、銭の交換比率はその時の相場によるので、あり得る数字だろう。

注2　米は当時、四斗が一俵で銀十八匁くらい＝『江戸物価事典』（小野武雄、展望社）によると、「奥のしをり」の旅の天保14年3月の肥後米（西日本で最も多く流通していた）の値段は、1石で銀70匁である。1石は10斗なので、1俵4斗で計算すると、銀28匁になる。津軽の米は当時、江戸、大阪での評価があまり高くなかったことを考慮しても、語佛師匠が「安い」と感じたのはうなずける。

注3　酒は一升が銀二匁五分くらいで、極上の酒＝銀1匁が60文なら、酒1升は銭では１５０文になる。『江戸物価事典』では、天保の頃（１８３０〜４０）の江戸では1升で３５０〜４００文との記録を紹介している。この酒は、灘や伏見で醸造され、江戸に下って来た「上酒」の値段だ。関

大久保様は八日に出発の予定だったが、雨になったので逗留することになり、大久保様の役宅で話し込んでしまった。九日は天気になり、大久保様は銀の吹き分け場を見回りに出かけられた。九日の夜もお役宅へまいった。

私はその間、山内（吹き分け所）のあちこちを見物した。七日と八日は半里ばかりの小繋(注14)という所で、天神さまのお祭りがあり、大変にぎわうと聞いたのだが、雨なので参詣する人もなかった。船山様、大久保様のお供をして行くつもりだったが、また今度にしようということになってしまった。

（龍斎(注15)の門人で、才蝶という者から手紙が来た。院内(注16)から阿仁へ来たので、加護山まで来るとのことだ。私は会ったことのない人で、水戸の菓子屋の息子で蝶太郎という者が同行し、才蝶の女房と三人連れだという。この人たちは加護山に立ち寄った際に荷物などを預けておいたということだが、我らが出発するまでに来なかったので、会えなかった）

○時平(注17)にはあらで雨天に天神もつぶされたまふことのかなしさ

扇田という所から、お竹という女芸者が母親と二人で加護山に来て

東の地酒は「下らない酒」と言われてその半額以下だったとされているから、津軽の酒はそのくらいの値段だったのだが、語佛師匠が「極上の酒」と言っているのは、あるいは北前船で運ばれて来た関西の酒が流通していたのかもしれない。

注4　ソイ＝フサカサゴ科メバル属のクロソイを、秋田、津軽では「ソイ」と呼ぶことが多い。やや深い岩礁地帯に生息する。煮つけがおいしい。秋田県の男鹿半島では、近縁種のキツネメバルを「ソイ」と呼んでいる。

注5　アブラメ＝カサゴ目アイナメ科の魚、アイナメの地方名。ただし関西地方でも「アブラメ」と呼ぶので、こちらの名前で知っている人も多い。煮つけ、吸い物にされることが多い。現在は唐揚げにもされて美味。

注6　水ダコ＝北海道から千島列島、アリューシャン列島、アラスカなど北の海に生息する、全長3メートルにもなる巨大なタコ。津軽や秋田でも漁獲される。マダコの仲間だが、水分の多い肉質なのでミズダコという。酢ダコにも加工されて流通している。

注7　カセ＝ガゼとも言い、ウニの古称。漢字では「甲贏」、または「石陰子」と書く。ここでは「塩辛にしたものをウニ」と言っているから、生ウニのことを「カセ」と言って区別したのかもしれない。

注8　平内＝東津軽郡平内町。青森市からは東方

いた。これは半助という人の娘で、この鉱山となじみになり、たびたび来ているそうだ。

○ふきわくる千々の黄金のかずかずは宝入り来る山のにぎわい

十日に、能代から大淵彦兵衛様、竹内庄右衛門様が四人連れでおいでなされた。前々から津軽まで同道する約束だったので、山内を見物がてらお立ち寄りくださったのだ。ところが、我らにもう一日逗留するようお役人の方々がおっしゃられるので、一日延期することになり、十一日に加護山を発った。

◇矢立峠を越える

舟で一里半の小繋まで来たところで、少々忘れ物をしたのに気づき、小繋の問屋場から遣いを出したので遅くなってしまい、その夜は今泉という所まで行ったのが七つ（午後四時）なったので、問屋場の隣の茂三郎という人の家に泊まった。この家の主は風流な人で、俳諧などもなされるので、いろいろ話をし、短冊を望まれたので、

○中々に珍しきまで遅桜都に知らぬ春の山里

と書いた。

の、陸奥湾に突き出た夏泊半島にある町。江戸時代は黒石藩の飛び地で、盛岡藩と境を接していた。終戦後、ホタテ貝の養殖に初めて成功した所で、今では養殖ホタテの水揚げ高は１００億円に達し、日本一のホタテの町として知られる。

注9　瑪瑙＝石英、オパールなどが岩石の中の空洞に層状に沈殿してできた鉱物の1種。彫刻の材料にされたり、宝石、数珠などに加工されたりする。津軽地方では、磨くとつやが出る、美しい色彩の「錦石」が各地で採れ、マニアに人気がある。メノウもそのひとつ。江戸時代から広く知られていた。

注10　浅瀬石川＝岩木川の支流の支流。八甲田山系に端を発し、黒石市内を流れて平川に合流した後、すぐに岩木川に合流する。

注11　ヤマベ＝ヤマメとも言い、サクラマスの陸封型（海に出ず、1年中川に生息するようになった種類）。語佛師匠の言う「マスの子」ではない。同じくサケの陸封型であるイワナに比べると、標高のやや低い水域に生息しているので、同じ河川では上流にイワナ、下流にヤマベとすみ分けている。非常に警戒心が強く、渓流釣りの腕が試される魚として人気がある。

注12　加護山＝羽州街道の荷上場宿（能代市二ツ井町荷上場）から、米代川の支流の藤琴川を渡った対岸。「春には津軽へ向かう」の「注11」を参照。

注13　銅は能代湊から長崎へ向けて積み出す＝加

十二日は大館の越前屋という宿に泊まった。ここの須藤半八殿とおっしゃる方をお訪ねしなければならないと思っていたものの、津軽へ急いでいたので、十三日は釈迦内(注18)という所から長走という秋田の御番所を越し、陣場(注19)という所に旅人の出入りを改める番所があった。ここから、出羽と陸奥の境の峠(注20)にさしかかった。

峠のふもとに小さな川が流れていた。この同じ川を十二、三か所も歩いて渡り、それから峠にかかった。峠の上に、津軽のお殿様がお休みになる場所があり、最近お通りになられたので、その跡があるとお聞きした。そこから一町ほど行くと、秋田と津軽の境の一本杉の大木があり、ここを矢立峠(注21)という。

○出羽越へししるしをここにみちのおくふとしくたちし杉の一本

ここから下りで、一里ほど行くと旅人改めの番所がある。そこからまた半里ばかり行くと「中の番所」というのがある。ここから南部へ越えて行く道があるからだ。

とは言っても、南部と津軽は行き来のない国(注22)なので、これは本道ではない。南部との境まで行けば、またまた水は向こうへ流れるそうだ。その流れをたどって行けば、南部の毛馬内(注23)という所に出る。そこから

護山には、阿仁銅山の粗銅から銀を抽出する精錬所があったが、ここで純度を高めた粗銅は、幕府の御用銅になった。ただし、最終的には一部が長崎から輸出されることもあるが、まず、大阪の幕府銅会所に運ばれ、住友銅吹所（精錬所）でさらに純度を高めて幕府の「銅座」で銭に加工されるのが大半だった。

注14　小繋＝能代市二ツ井町小繋。羽州街道を下ると、荷上場宿の次が小繋宿。両宿場の間は、徒歩で藤琴川を越えるか、舟で米代川をさかのぼった。この間が1里あったので、「一里渡し」と呼ばれた。

注15　龍斎の門人＝江戸時代の講談師に、真龍斎、一龍斎、双龍斎などの名がある。単に「龍斎」と号した例は見当たらないが、おそらく講談師の名前と思われる。

注16　院内＝秋田県の南端、旧雄勝郡雄勝町（現湯沢市）院内にあった院内銀山のこと。戦国時代末期に発見され、語佛師匠の旅の頃には、銀山町の人口は1万5千人を数えたと言われるほど栄えた。明治以降の銀生産量は4百トン、金は1トンに達し、明治14年（１８８１）には東北地方御巡幸の明治天皇が立ち寄られた。銀山としては日本最大と言ってよく、昭和29年（１９４５）の休山まで採掘が続けられた。

注17　時平＝右大臣菅原道真の政敵、左大臣藤原時平のこと。藤原氏北家の嫡流だった時平は、讒

七時雨という所を経て盛岡へ出るという。ここは一日に七回も時雨にあうとかで、この地名がついたということで、避難所があるが、冬はまったく通行できない。

また、「中の番所」から一里ばかり西の山に入ると、矢立の湯という温泉があるそうだ。ここはことのほかの名湯で、疥癬、瘡毒によく効くそうで、三日かけて湯を巡るための小屋が少しある。しかし大変不自由な所で、米、味噌、その他を持参しなければ、必要な物は何もないと聞いた。

ここから、碇ヶ関(注24)の番所に出た。ここはみちのくでは珍しい番所で、旅人の出入りがことのほか難しい所である。

○引き留める碇は国の掟ぞと行き交う人に示す関守

岸儀兵衛という宿に泊まった。すると、大館から二十四、五歳の女が一人、荷物を背負って来た。この女は、津軽黒石の城下郊外の尾上という所の藤八という人の娘で、名は「おはつ」というそうだ。七年以上前に秋田へ行き、手形六エ町(注25)の八代要太様という家に奉公し、このたび国元へ帰るという。能代までは送って来た人がいたのだが、旅費がかさむのでその人を帰したそうで、かわいそうに思い、女一人で

言によって道真を大宰府に左遷させ、史上初めて摂政・関白、太政大臣となったが、39歳の若さで死去し、道真の怨霊にたたられたと言われた。語佛師匠の和歌は、その時平ではないが、雨で天神さまの祭りがじゃまされたと言ったのである。

注18　釈迦内＝弘前藩領に近い羽州街道の宿場。その次の白沢宿が秋田藩最北の宿場。現在は大館市釈迦内。

注19　陣場＝秋田藩領で、最も津軽藩領に近い集落。現在は、JR奥羽本線陣馬駅がある。

注20　出羽と陸奥の境の峠＝ここでは矢立峠のこと。現在の秋田県、山形県は出羽の国、青森県、岩手県、宮城県、福島県は陸奥の国だったので、出羽と陸奥の境と言ったのである。

注21　矢立峠＝標高２５７メートル。坂上田村麻呂が杉の木に矢を射立て、奥羽の境を定めたという伝説が地名の由来とされており（ほかにも諸説がある）、現在も杉の天然林が広がる。旧道は、現在の国道7号やJR奥羽本線の通るルートより西側の急峻な道筋だったが、明治11年（１８７８）、この峠を越えた英国人女性、イザベラ・バードの『日本奥地紀行』には、ヨーロッパアルプスや、アメリカのロッキー山脈のいくつかの峠道と比較して「いずれにもまさって樹木がすばらしい」と美林を賛美している。語佛師匠は、藩境に1本の杉の巨木があると記しているが、この木は初代「矢立の杉」が元禄年間（１６８８～１７０２）に大

は碇ヶ関の御番所を通るのが難しいので、私の妻の召使ということにして一緒に行った。

尾上村に住んでいて、「おはつ」ということから、あの鏡山古郷ノ錦という狂言(注26)を思い出して、

○村の名の尾ノ上の里をふるさとと見帰るおはつも錦なるらん

関所を出て別れた。

(関所から十町ばかり行くと、右へ入って小磯山国上寺(注27)という不動尊がある。世の中が悪いと仏様の体の中から汗を出したもうという。そうすると、寺の別当がこのことをお上に申し上げるということだ)

風で倒れた後に植えられた2代目。しかし2代目の杉は太平洋戦争末期に伐採されてしまった。その跡に、3代目の杉が植樹されている。

明治26年7月に青森から、同27年2月に福島からと、南北両端から鉄道の敷設が始った奥羽本線は、同38年(1905)に秋田県の湯沢でつながって全通したが、同32年に鉄路が敷設された矢立峠は、蒸気機関車を3台連結(3重連)でなければ上れない全国有数の難所として知られていた。峠の下を通る矢立トンネル(全長3180$\overset{\text{メー}}{\text{トル}}$)ができたのは、昭和45年だった。

注22　南部と津軽は行き来のない国＝弘前藩津軽氏は、戦国時代に、現在の岩手県北部から青森県全域を領した南部氏の家臣から独立した武将。元々は大浦氏を称していた為信が戦国大名として独立するまでの経緯には津軽、南部両氏の史料に食い違いが多すぎて「統一した史実」にならないので、主に津軽氏の史料に準じてなぞると、南部氏の津軽郡代を補佐して、岩木川左岸の大浦城(現弘前市、旧岩木町)にいた為信が、元亀2年(1571)から天正16年(1588)にかけて南部氏の諸城を攻略し、津軽地方を平定した。天正18年、豊臣秀吉の小田原攻めに際し、為信は海路で京へ上り、秀吉に謁見して津軽領有の朱印状を受けた。これは、南部氏が所領を安堵されるより一歩早く、これを恨みに思った南部氏とは絶縁状態になった。

こうした事情から、津軽氏は南部領を通らずに南下できる陸路を求め、天正14年、当時は道のなかった矢立峠を切り開いて羽州街道を整備し、以後、江戸時代の参勤交代の道筋とした。

津軽氏を敵対視する盛岡藩南部氏の感情は尾を引き、江戸時代になって200年も過ぎた文政4年（1821）、盛岡藩士下斗米（しもとまい）秀之進が相馬大作と変名し、参勤交代で帰国途中の津軽公を矢立峠で待ち伏せし、銃撃しようとした事件が起きた。この陰謀は事前に露見し、津軽公は秋田から日本海沿いに帰途を変更して難を逃れた。相馬大作はその後江戸に潜伏したが捕らえられ、斬首された。この事件が広く知られるようになったのは、幕末に長州の吉田松陰が矢立峠を訪れて、土地の人々の証言を基に「襲撃は失敗した」と記述したことからで、以後、講談などで「相馬大作事件」が取り上げられるようになったからだという。

注23　毛馬内＝現在の秋田県鹿角市毛馬内。江戸時代は盛岡藩領で、八戸からの街道の終点だった。語佛師匠は前年の6月、毛馬内に滞在している（「八戸から鹿角へ」を参照）

注24　碇ヶ関の番所＝津軽藩への人の出入りを監視した番所。番所は複数あり、最も厳しかったのは語佛師匠も記している「中の番所」で、現在のJR奥羽本線津軽湯の沢駅の東、国道7号と、秋田県小坂町（江戸時代は盛岡藩領）に通じる国道282号の分岐点にあり、ここに昭和59年、観光施設でもある「碇ヶ関御関所」が復元された。

注25　手形六エ町＝秋田市の手形地区は、JR秋田駅の東側から北へ広がる一帯。その中の手形休下町の一部の旧町名に「六句町」があるが、「六エ町」は見当たらない。原書を活字化する際、大工の「工」という漢字を、カタカナの「エ」と読み違えたのかもしれない。つまり、「く」と読む字を語佛師匠が「句」ではなく、「工」と書き間違えたとも思われる。

注26　鏡山古郷ノ錦という狂言＝正しくは「鏡山旧錦絵」という歌舞伎の演目。享保8年（1723）、現在の島根県の浜田藩主、松平周防守の江戸藩邸で、奥女中の中老が、藩主の奥方の前で同じ奥女中の局に落ち度を厳しく叱責されたのを苦にして自害したが、中老付きの下女がお局を仇として討った事件があった。これを天明2年（1782）、人形浄瑠璃が取り入れて上演し、翌年、歌舞伎に脚色されて大当たりをとった。その中で、主人の仇を討つ下女のなまえが「おはつ」であり、初代尾上松助（後の初代尾上松緑）が仇の悪役を演じて名を高めたこともあって、語佛師匠がこの芝居を連想したのだ。

初演以来、歌舞伎では「鏡山物」と呼ばれる仇討ちの演目が種々上演され、現在も演じられている。この歌舞伎は弥生（3月）狂言として定着したが、それは奥女中がこの時期に休みをもらって里帰りすることを許され、歌舞伎を観覧することが多く、彼女らの興味をそそるこの演目に人気があったからだという。

注27　国上寺＝JR奥羽本線碇ヶ関駅の北東、旧碇ヶ関村（現平内市）古懸にある真言宗の古刹。縁起によれば7世紀、大鰐町に創立され、後に廃寺となっていたのを鎌倉時代に現在地に再建したという。本尊は不動明王。旧暦8月14日の例祭では、青森県無形民俗文化財の古懸獅子踊りが演じられる。

弘前の城下に入る

◇弘前のあちこちを見物

（四月）十四日、碇ヶ関から弘前(注1)へ向かった。

鯖石(注2)という所で昼食にしたが、ここに、倒れかかった垣根に卯の花が咲き乱れているのを見て

○雪と見て人の払わばいかにせんたわむばかりの垣の卯の花

昼の九つ半（午後1時）ごろ弘前に到着し、本町(注3)五丁目の三浦屋兵八という宿屋に泊まった。

片谷という裕福な家があり、屋号は三国屋伝兵衛殿という方の隠居所で、そこに能代の大淵彦兵衛様、竹内庄右衛門様がご逗留とお聞きした。

十五日、能代にいる時から知り合いの、三国屋の通い番頭で三国屋鎌吉という方が訪ねて来られて、ご馳走になり、この方にご一緒して

注1　弘前＝弘前市。弘前藩10万石（江戸初期は4万7千石。江戸後期に蝦夷地警備を命ぜられて7万石、さらに10万石になった。これは表高（公称）で、実際の米の収量は30万石以上あったという）津軽氏の城下町。桜の名所として名高い弘前城は慶長15年（1610）、2代藩主津軽信枚（のぶひら）が本格的な築城に着手し、わずか2年で完成させた。

　津軽藩祖の為信は文禄3年（1594）、それまで居城としていた大浦（弘前城下から西の、岩木川を越えた旧岩木町賀田）から、弘前市街地から南東の平川に近い堀越（弘前市堀越）に根拠地を移したが、為信が関ケ原の合戦に出陣した留守に重臣の反乱が起きたり、たびたび平川の水害に見舞われたりしたことから、当時は二石と呼ばれていた弘前への移転を計画した。為信は城を囲む町の屋敷割（都市計画）を行い、堀越の住民に移住を促したが、慶長12年に京都で死去したため、その計画は後継者の信枚に受け継がれた。築城後、ここは高岡と呼ばれるようになり、弘前という地名は寛永5年（1628）8月から。

三国屋の隠居所へ行った。

能代の八郎兵衛から木村勝左衛門とおっしゃる方への紹介状を持参したのだが、この方は御町目付なので、お役柄面会できず、手紙だけを届けた。

和徳町(注4)の木村勇次郎様へも手紙を持参した。この方は元々、弘前藩の御家中であったが、今は町人になっておられる。いろは組の頭で、男伊達だということだ。

十六日、大淵様、竹内様に同行し、三国屋鎌吉殿の案内で町を見物した。

笹盛町(注5)という所に東照大権現のお宮があった。薬王院(注6)といって天台宗のお寺で、ご先祖様の木像があり、御家老の北村監物様の木像もある。そのお社の入口の額に「壬（みずのえ）の水流れけり久かたの天津日月のあらんかぎりは」と書いてあったので
○久かたの天津神世はいざしらず尊き国の守の御社
それから住吉明神を参詣して
○住吉をここに移せし神垣は待つもひとしお翁さびけり

弘前城は東西約600ﾒｰﾄﾙ、南北約1ｷﾛの城地が、ほとんどそのまま残されていて、全国でも非常に貴重な城跡だ。しかも、三の丸追手門、3カ所の櫓、天守閣（築城時の天守は落雷で焼失し、その後、隅櫓を改造して再建）など、国の重要文化財に指定されている建築物が現存している。

なお、毎春、多くの見物客でにぎわう桜の木は、明治になって植えられたもので、江戸時代の城内に桜の木はほとんどなかった。

注2　鯖石＝大鰐町鯖石。弘前市に入る直前で、弘南鉄道大鰐線の鯖石駅がある。羽州街道の宿場は、大鰐の次が弘前で、江戸初期の羽州街道は鯖石から石川、堀越と現在のJR奥羽本線をなぞるような道筋だったが、貞享2年（1685）以降は、鯖石から大沢、小栗山と弘南鉄道に沿うように進んで、城下の土手町に入った。

なお、羽州街道沿いの弘前市石川には、戦国時代末期、南部氏の津軽郡代、南部（石川）高信の居城があった。これを元亀2年（1571）5月4日、南部氏の家臣だった大浦（後の津軽）為信が奇襲して落城させ、津軽平定の第一歩とした歴史がある。この時の軍勢はわずか450騎、それに野武士など83人が加勢しただけと伝えられている。その3年後の8月に大光寺城（弘前市の東に隣接する平川市大光寺）を攻めたが、落とすことができなかった。そこで為信は、人々が最も油断していると考えた翌年正月の元旦、奇襲して大光

今日、ここでは五穀を守りたまえる神様の祭礼で、たくさんの人々がお参りしてにぎやかだったので

○仏とも神とも人の祈らましたねつ実りを守りたまへば

それから、親方町(注7)という所の、三栄堂句仏という俳人をお訪ねした。本名は竹谷慶輔といって印板師(注8)である。狂歌の方の名前は「外ヶ浜風」といって、浅草庵(注9)の門人である。たいへん風雅な人で、江戸にもしばらくおられたそうだ。近ごろは足の具合が悪くてまったく歩くことができない。同じ町内へも駕籠で行かれるということだ。その親父様は七十七歳で、当人は五十二歳、息子は二十八歳で、三組の夫婦がそろっているからと「三栄堂」というのだそうだ。津軽のお殿様もこれをめでて、お目見えを仰せつけられたという。俳諧、狂歌の門人が多数いて、毎月の集まりを開いている。行脚の句帳に三夫婦を松竹梅として祝し、あるいは梅松桜にたとえた発句、狂歌がたくさんある。私にも短冊を出されたので

○敷島のみちのおくまで訪ねばやその名も広き外ヶ浜風

句帳へ

寺城を落とした。以後、為信に従う者が急増し、次々に南部方の諸城を落城させていった。

　また、堀越は南北朝の戦乱期以来、津軽平野の東西を分ける紛争の地で、たびたび城が築かれた。弘前に移る前の津軽氏がここを拠点としたことは、「注1」に述べたが、現在、熊野宮のある場所が堀越城跡である。

注3　本町＝弘前城の南に位置し、城下町整備の初期、商家が集められた。

注4　和徳町＝弘前城の東の外堀である土淵川を越えた所にある。城下町は当初、土淵川までだったが、17世紀後半から、次第に東側へ発展して行った。なお、この町名は戦国時代末期、南部氏配下の武将、小山内讃岐守の居城、和徳城に由来する。津軽為信は石川城を奇襲した勢いで和徳城を攻撃、落城させた。城があったのは、現在の和徳稲荷神社の場所とされていて、城主讃岐守の首はここに埋められたという。

注5　笹盛町＝城の東側、土淵川の手前。現在の表記は笹森町。

注6　東照大権現のお宮、薬王院＝東照宮は、2代藩主津軽信牧が江戸・上野の寛永寺（天台宗）の天海僧正を通じ幕府の許可を得て勧請した（本殿は国の重要文化財）。隣接する薬王院は、東照宮に付属する別当寺として建てられ、当初は東照院と称していたが、後に薬王院と改められた。

　語佛師匠の旅より後のことだが、明治元年（1

○盃の三つ重ねなる妹とせは実に末広き栄えなるらん

それから心安くなり、毎日のように訪ねて遊んだ。狂歌俳諧の連中とも画賛などをして楽しんだ。今年は芭蕉翁百五十年忌に当たるので、句碑を建立されたそうだ。

赤人[注10]の賛をされた歌に

時も時所も所浦も浦詞（ことば）も詞人もまた人　はま風

毎日、ご城下を見物した。ご城下の家の数は、藩の御家中、町人の家を合わせて一万軒もある。商家はとても繁盛していて、町並みは碁盤の目のように刻まれ、松盛町[注11]の土手という所に、擬宝珠のついた橋があった。本町通りは十町もあり、茂盛町[注12]という所には芝居の常設舞台がある。座元は広居茂三郎という。元は広居喜太夫といっていたが、太夫という名にはばかりがあって、茂三郎と改名したそうだ。

役者は、小佐川常世が病死し、その女房が女ながら舞台を務めているという。そのほか、坂東又太郎などを頭として六、七人いる。

十七日、またまた三国屋鎌吉殿が同道して、高岡[注13]という所へ行った。

弘前から岩城川[注14]を越えて三里ばかりで、ご先代の為信公[注15]をはじめとし

868）11月、蝦夷地へ侵攻した榎本武揚軍に追われた松前藩主、松前徳広はかろうじて弘前へ逃れ、薬王院に居住したが、肺結核のためここで25年の生涯を閉じた。さらに明治3年、神仏分離で廃寺となったが、明治10年に再建されて現在に至っている。

注7　親方町＝城の南東の角近く。すぐ南に鍛冶町、その西に元大工町と、かつて職人を集めた名残の町名が並んでいる。

注8　印板師＝印板は書籍を印刷する版木のこと。それを彫るのが印板師。

注9　浅草庵＝狂歌師。初代は浅草庵市人といい、江戸・浅草田原町で質屋を営んでいた。江戸狂歌は天明期（1781～1789）に、四方赤良（戯作名は大田蜀山人）、手柄岡持（戯作名は朋誠堂喜三二〈ほうせいどう・きさんじ〉。本名は平沢常富といい、秋田藩士）などが現れ、最高潮に達した。浅草庵市人も、四方赤良と親交があった。次の寛政期（1789～1801）になると、松平定信の寛政の改革の影響もあって軽妙洒脱な天明調の狂歌は衰退したが、浅草庵は天明調の滑稽な狂歌を作り続けたという。

ただし、浅草庵市人は文政3年（1820）に66歳で亡くなり、浅草庵守舎が2代目を継いだ。語佛師匠が弘前を訪れるより20年以上前のことで、狂歌で「外ヶ浜風」を名乗る三栄堂句仏が52歳というと、江戸にいたのは若い頃だろうが、師事し

て代々の御霊廟(注16)があり、たいへんに風景がよい。そこから一里余の百澤(注17)という所へ行った。ここは岩木山のふもとで、八月一日、お山へ登山する際の泊まり場所で、岩木山百澤寺(注18)という寺がある。この寺は岩木山の別当で、寺領は四百石ある。本尊は阿弥陀如来だが、岩城ノ判官の息女、安寿姫(注19)を祀った山だということで、安寿姫の玉手箱の実物、弁慶の数珠などもある。この山の雪は七月まで消えないそうだ。

○香久山もかくや岩城のいただきに衣ほすかとみねのしら雪

　山の雪が七月の初めに消えるので、八月一日をご縁日とし、十日ごろまではご領内の村々から人が来て葷酒して、三十軒ばかりの村に泊まる人が三、四万人にもなるという。一年中の収入をひと月で得るという。また、七月になって雪が消えない年は不作になるということだ。

　この雪の消え方は、春から次第にいろいろな形になり(注20)、鍬、鋤、鎌などさまざまに変化するという。早苗を植える時分には、苗取りおっこと言って、苗を入れる笊（ザル）の形になる。そうなると急いで田植えをするそうだ。

　九月の末から雪が降り積もるそうだ。山の峰が三つに分かれて見えるので

たのが浅草庵の初代か、2代目かは、はっきりしない。

注10　赤人＝「田子の浦ゆうち出でて見れば真白にぞ富士の高嶺に雪は降りける」の歌で知られる万葉の歌人、山部赤人。「賛」は通常「画賛」のことだから、おそらく、この歌を題材にした絵があり、それに「はま風」が狂歌を添えたのだろう。しかし、そういう説明がなく、なぜ芭蕉翁百五十年忌に当たって建立した句碑の話に続いて、突然この画賛が出て来るのか、よくわからない。

注11　松盛町＝現在の表記は松森町。城の南東。親方町から南東に延びるまっすぐな道があり、土手町、品川町、松森町と続く。

注12　茂盛町＝現在の表記は茂森町。城の南で、かつてあった茂森山が町名の由来。元和元年（1615）、お城より高かったこの山は削られ、その西に広大な寺町（現在の西茂森1、2丁目で、藩主の菩提寺である長勝寺を中心に曹洞宗の寺院が配置されていて、長勝寺構えと呼ばれている）が建設された。

　語佛師匠は、ここに芝居の常設小屋があると書いているが、17世紀中期の弘前の古地図では「なぜか煙草屋は茂森町に集中していた」（新編弘前市史・通史編2）と記載されているそうで、城下町の設立当初から同じ職業を集めた町人の町だったことがわかる。語佛師匠のいう「芝居小屋」は、現在の弘前市森町に近い茂森町の北東の角地にあ

○旅人も伏して見つまた仰ぎ見つむつに名高き山のいただき

ったようだ。ここで文政12年（1829）、広居寅吉という人が小屋の修復のために富くじを売り出した記録がある。ただし、この人が語佛師匠の言う「座元は広居茂三郎」と同一人物かどうかはわからない。芝居小屋は後に「茂森座」となった。

注13　高岡＝弘前城から西へ向かい、岩木山のふもとの高照神社付近が高岡。弘前藩の4代藩主、津軽信政は吉川惟足（幕府神道方）に師事し、宝永7年（1710）、弘前城内で没したが、この地で神葬によって埋葬するよう遺言した。その2年後、弘前藩は信政を祀る神社を建て、吉川惟足から「高岡霊社」という称号が贈られた。藩士は信政を「高岡様」と呼んで崇拝したという。神社は明治時代になって現在の高照神社と改称したが、拝殿は吉川神道による神社建築の全国唯一の遺構として知られている。

注14　岩城川＝現在は岩木川と表記するが、江戸時代は岩城川という表記もあった。岩木山も同様に岩城山と書いた記録がある。岩木川は秋田県境の白神山地に端を発し、弘前城の西を流れて北上し、十三湖に至る延長102キロ・メートルの大河。十三湖は細い開口部で日本海につながっていて、津軽平野から集められた年貢米は岩木川の水運で十三湖に運ばれ、さらに鰺ケ沢に運んで回船に積み替え、大阪（一部は江戸）まで輸送された。津軽藩の物資輸送の大動脈であり、弘前城の西の外堀でもあった。

注15　為信公＝弘前藩祖、津軽為信のこと。為信の出自については、大浦4代城主為則の弟の子という説と、南部氏の一族という説があるが、いずれにせよ大浦為則の養子となり、5代目を継いだことは間違いない。まさに戦国の下剋上を絵に描いたような武将だが、その一方で、山形の最上義光を通じて、織田信長、豊臣秀吉の動向を知ることに努めた戦略家でもあった。天正18年（1590）2月、最上義光から秀吉の小田原攻めを聞いた為信は、家臣18人とともに海路で京に上り、すでに出陣していた秀吉のあとを追って東海道を下って沼津で秀吉に謁見することに成功した。この時、為信は京の都で高位の公家、近衛家に接近してその庶流と認められ、近衛家の家紋に類似した杏葉牡丹の紋所の使用を許された上で、秀吉に対面したという。このあたりの抜け目のなさからは、為信が単なる勇猛の士でなかったことがわかる。関ケ原の合戦で徳川方についたのも、最上義光の助言があったと推測される。

　為信は江戸時代になっても、毎年のように京へ上洛した。そして慶長12年（1670）12月、京都山科の刀鍛冶、来国光宅で病死した。

注16　御霊廟＝高岡に藩祖為信以来の津軽氏の霊廟があると語佛師匠は記述しているが、何かの間違いではなかろうか。京で客死した為信は、遺骨となって弘前へ帰ったが、為信の霊廟（国の重要文化財）は、城から西の岩木川を越えてすぐの弘前市藤代の革秀寺にある。2代藩主、津軽信枚が父の位牌所として創立したと言われている（同寺の起源については異説もある）。また、高岡には4代藩主信政を祀る高岡霊社（現在の高照神社）がある。それ以外の藩主の霊廟や墓は、大浦氏以来の菩提寺である曹洞宗長勝寺（弘前市西茂森町1、2丁目）と、3代藩主津軽信義の菩提を弔うために創建された天台宗報恩寺（弘前市新寺町）にあった。そして報恩寺の墓は昭和29年、隣接する弘前高校の敷地拡張のため、すべて長勝寺に移された。つまり現在、初代為信と、4代信政以外の藩主の墓は長勝寺に集約されているし、「奥のしをり」の時代以前にも、高岡の地に津軽氏歴代の霊廟があった記録は見つからない。あるいは、城下から高岡への道筋に革秀寺、高岡霊社があるのを知った語佛師匠が早とちりしたのかもしれない。

注17　百澤＝岩木山（標高1625メートル）の上り口にある集落。古来、岩木山そのものがご神体であり、頂上に奥宮本宮があり、その里宮として百澤に下居宮（おりいのみや）があるが、下居宮は岩木山の北麓にあったのを寛治5年（1091）、神託により百の沢を越えて南麓の現在地に移転したという。

　岩木山への登山は通常禁止されていたが、8月1日から15日までは許されたので、津軽平野の村々では村落ごとにまとまり、競って頂上を目指した。それで百澤の家々が宿泊所となったのだが、明治中期の記録によると、仮眠した登山者は午前2時にはたいまつをかざして上り始め、山頂でご来光を拝し、今年の豊作を祈願した。下山して宿舎に戻るのが正午ごろ。食事をして眠り、夕刻には目覚めて酒宴となり、また眠って、翌日にそれぞれの村へ帰った。語佛師匠は、「十日ごろまでは」「三十軒ばかりの村に泊まる人が三、四万人にもなる」と書いているが、これほどの人数になると百澤だけでは宿舎が足りず、高照神社のある高岡あたりまで宿を求める人々でごった返したようだ。

注18　岩木山百澤寺＝下居宮の別当が真言宗百澤寺。天正17年（1589）、岩木山が噴火して神社も寺も焼失したが、津軽為信が下居宮、百澤寺の大堂をはじめ諸堂宇を再建した。しかし明治政府の神仏分離に

よって、明治3年（1870）から6年にかけて、寺の本尊である阿弥陀如来像や、山門にあった五百羅漢像、大堂の棟札などは長勝寺（弘前市西茂森町）に移され、百澤寺は廃寺となった。ただし、明治6年に岩木山神社と名称を変えたものの、下居宮は本殿、百澤寺大堂は拝殿、百澤寺本坊は社務所、山門は楼門として、語佛師匠が目にしたと思われる建築物がそのまま現在まで受け継がれている。

注19　安寿姫＝岩木山は、安寿姫を祀る山とされている。森鴎外の小説『山椒大夫』に登場する安寿と厨子王の、姉の方の安寿のことだ。小説では……無実の罪で九州に流された父親、岩城判官正氏を、姉弟が母と共に訪ねようとして津軽を旅立つが、途中の越後で人買いにだまされて母親は佐渡へ、姉弟は丹後（現在の京都府）の由良の山椒大夫に売られてしまう。しかし厨子王は脱出し、後に丹後の国司となって、丹後での人身売買を禁じ、佐渡で母親と再会する……というのが粗筋だ。もともとは、芸人に語り継がれた「説教節」の中にある物語で、そちらでは国司となった厨子王が、山椒大夫と息子の三郎、それに越後の人買い山岡太夫を殺してかたきを討つ話になっている。津軽では古くから知られていた物語であり、2代藩主津軽信枚が作らせ安寿と厨子王の木像が今も長勝寺に安置されている。ただし、安寿姫は伝説であり、語佛師匠が見たという安寿姫の玉手箱が何に由来するのかは不明。また、なぜここに弁慶の数珠が登場するのかもわからない。

ところで江戸時代、津軽では丹後の船が来ると天気が崩れると言って忌み嫌った。安寿をいびり殺したのが丹後の山椒大夫だからだ。『岩木山信仰史』（小館衷三著、北方新社）には、津軽で天候不順が続いた時に、領内に丹後の人間が入り込んでいないか役人が調べたという記録が紹介されている。

ついでだが、岩木山は女性を祀る山だったこともあって、江戸時代は女人禁制だった。女性が初めて山頂まで登ったのは明治6年である。

注20　雪の消え方は、春から次第にいろいろな形になり＝高い山の残雪の形を見て農作業を始めるのは、全国各地に例がある。暦は農事のおおよその目安にはなるが、残雪の形を見るのは体験的な農民の知恵である。津軽平野では、早苗を入れるザルの形になった時が田植えの時期だったのだ。

注21　山の峰が三つに分かれて見える＝岩木山の山頂は、3つの峰に分かれている。天台密教が津軽に伝わったと言われる11世紀以降、この3つの峰を熊野三山に見立てて、岩木山そのものを御神体とする「岩木山三所大権現」信仰が広まった。熊野三山というのは、熊野坐神社、熊野速玉神社、熊野那智神社のことで、本地垂迹説（本地である仏や菩薩が、日本の神の姿となって現れるとする神仏同体の思想）に従って、それぞれの神社に本地である仏様と、その現れである神が祀られている。岩木山でもこれをほぼそのまま踏襲し、里宮である下居宮・百澤寺（現在の岩木山神社）の大堂には、本地である阿弥陀如来、薬師如来、十一面観音を安置していた。これらの御本尊は明治の神仏分離によって長勝寺に移されたが、語佛師匠は百澤寺を訪れているので、たぶん扉越しではあってもご本尊を拝んだと思われる。

黒石へ

◇板留で湯治

十八日に弘前を発った。大淵彦兵衛様、竹内庄右衛門様も能代へお帰りになるが、こちらは深浦(注1)から大間越(注2)という番所を通って帰られるということだ。

我らは、（弘前の）三栄堂から紹介状をいただいて、黒石(注3)の上町の松井半六殿と申される方を訪ねた。この方の家業は宿屋だが、三界庵如菜という俳人でもある。芭蕉堂(注4)の門人で、諸国を行脚し、上方にもしばらく滞在して芭蕉堂の仕事をし、江戸にしばらくおられたそうだ。門人が多数おられて、毎月の俳諧の座もあって面白い人物である。

黒石は弘前の分家で、津軽出雲守様(注5)と申し上げる一万石のご城下である。家の数はご家中、町人合わせて千五、六百軒もあるが、家はとても大きいので家の数も多く見える。

目明しの松木松右衛門殿、斎藤善左衛門殿のお二人の世話で、山形町の愛宕山の別当、地蔵院(注6)とおっしゃる方の所で落語などを披露した。

注1　深浦＝日本海に面した西津軽郡深浦町。千石船が25艘も停泊できる広い湾があり、江戸中期から明治30年代にかけては、風待ちの北前船でにぎわった。弘前藩にとっては重要な港であり、町奉行所が置かれた。港を見下ろす同町岡町の高台には、藩主の別邸である「御仮屋」があり、普段はここを奉行所として使っていた。その跡地は現在、公園になっている。

注2　大間越＝津軽半島を日本海沿いに南下し、秋田藩領に最も近い集落が大間越。旧岩崎村だったが、現在は深浦町。弘前藩の関所があり、町奉行所が置かれていた。

　弘前からは現在、青森へ向かうＪＲ奥羽本線の川部駅で分岐した五能線が、五所川原市、鯵ヶ沢町を経由して日本海沿いに秋田県能代市へつながり、五所川原市からは国道１０１号も同じ道筋だが、江戸時代はもっと南の、弘前から岩木山の北側を通って鯵ヶ沢へ直線的に進み（現在の県道弘前鯵ケ沢線）、そこから海岸沿いに南下する大間越街道が主要路だった。江戸初期の寛文5年（１６６５）までは、弘前藩主の参勤交代の道筋とな

弘前から（黒石の）如莱先生をお訪ねしたので

○君が名やわれも三界無庵にて如莱もとや宿と頼まん

二十二日まで落語会をしていたが、弘前から「ご家老様が病死なされた」という報せが来て、歌舞音曲を止められたので、それから黒石の領分の板留[注7]という所へ湯治に行った。ここは温湯といって黒石から二里ばかりある。一里半ほど行くと、ぬる湯[注8]という所がある。昔からよい温泉と知られていたが、今は湯が非常にぬるくなっている。しかし病気にはとてもよく効くということだ。

そこから山を越えて、板留村の才川勘二郎殿と申される方を訪ねた。湯壺は三か所あって、両側はぬるく、真ん中は熱湯だという。

村の真ん中に滝がある。家数は二十軒ほどだ。家並みの前に川が流れていて、湯は川岸からわき出て土手を下り、川の中ほどに湯壺がある。宿の主が親切に世話してくれて面白く逗留できた。

毎日、あちこちを見物した。川向こうは袋村といい、半里ばかりの中野という所に不動尊[注9]があるという。

ここからは南部領との境の山になり、沢辺、二潮内（二庄内）、金目、沖浦、天下平[注10]という所に鉱山があるという。その辺りにもあちこちに

っていた（それ以後の参勤交代路は、矢立峠を通る羽州街道に変更された）。

弘前から能代へは、羽州街道でも大間越街道でも距離はそれほど変わらない。能代へ帰る大淵彦兵衛と竹内庄右衛門が大間越街道を選んだのは、来た時と別の風景を見たかったのか、あるいは能代からは弘前藩境に近い大間越街道の方が旅慣れた道筋だったからだろう。

注3　黒石＝弘前藩の支藩である、黒石藩1万石の城下町。と言っても陣屋が置かれただけで、城はない。陣屋跡は現在、公園になっていて「黒石城址」と刻まれた石碑が立っている。弘前市の北東に位置する黒石市は羽州街道からはずれ、JR奥羽本線からも遠い。黒石市の人口は33789人（2018年3月末現在）。

ここに陣屋を構えた黒石津軽家の祖は、弘前藩3代藩主、津軽信義の弟の信英（のぶふさ）。信義の跡を継いだ嫡子信政がまだ9歳だったので、幕府は信英を後見人とし、弘前領内から5千石を分け与えるよう命じた。その後1千石を分知したため4千石となったが、信英は黒石に陣屋を構え、自身は江戸で過ごした。弘前藩4代藩主の津軽信政は「中興の名君」と評されたが、それは、信英の薫陶によるものと言われている。信英は、儒教による葬儀を遺言したことでも知られている。

黒石津軽家は文化6年（1809）、8代親足（ちかたる。「ちかたり」と読む資料もある）の時、

温泉があるそうだ。

総じて津軽の国は温泉の多い所だ。岩木山のふもとにも湯段嶽ノ湯(注11)などといいう名湯があるという。

この辺りは山里なので、四月末になれば山菜の盛りで、ウド、ワラビ、シオデ(注12)、タケノコなどを自慢しながら食わせてくれる。
○青物の盛りを客にまかのふてわれも湯で食ふ板留の邑
山々の若葉を見て
○いたづらに見てもおかれし若葉山やままた山にいさしをりせん
○湯の峰は雲にかくれつほととぎすあびせかけたる今の一声
二十五日、杉松殿(注13)がまいられて、酒肴などを土産にいただいた。もう端午の節句前になったので、杉松殿と相談し、この辺りの温泉を一回りしようということになり、一緒に行った連中にもこの思いつきを話して、それからゆっくり湯治した。

温泉の後ろの山に登って見物したところ、前を流れる川の上流はただ一筋なのに、下流は諸方に広がり、いく筋にもなっていて、村々に落ち流れて田にかかる風景は言葉には尽くしがたい。この川を浅瀬

弘前の本藩から6千石の蔵米（領地ではなく、米の現物）を分与され、合わせて1万石の大名に昇格した。しかし、あくまでも弘前津軽家の分家で、独自の治績は見られない。

注4　芭蕉堂＝関西の俳諧宗匠と思われるが、詳細は不明。

注5　津軽出雲守＝黒石藩3代藩主、津軽承保（つぐやす）。この人は初代親足の2男。その前の2代藩主は、順徳（ゆきのり）だが、この人は、弘前の本藩に迎えられて順承（ゆきつぐ）と改名し、11代藩主となった。弘前藩9代藩主の寧親（やすちか）も、黒石津軽家から本藩の藩主となっていて、黒石津軽家は本家の相続に備える役割を果たした。

ところが、弘前藩11代を継承した順承は、実は三河吉田藩・松平家から迎えた養子で、その正室も譜代大名・有馬久保の娘という夫婦養子だった。それで為信以来の津軽氏の家系が途絶えてしまうことを憂えた順承は、黒石津軽家の祖・信英の弟の津軽信孝家（代々、弘前藩の家老を務めた家柄）の末裔である承祜（つぐとみ）を弘前津軽家の世子としたが、承祜は17歳で死去してしまい、新たに熊本藩細川家から養子を迎えた。これが弘前藩最後の藩主、津軽承昭（つぐあきら）で、弘前藩は為信以来の家系が絶える結果となった。

しかし黒石藩3代藩主・出雲守承保は、若死にした承祜の弟の承叙（つぐみち）を養子として4

石川（注14）というが、あせし川とも呼ぶという。季節がら五月雨が降り続いて水は濁っているが、川の水かさが増してなお一層面白い。この川は藤崎（注15）という村を過ぎて、白川という川と合流し、その末は岩城川まで流れ込むのだそうだ。この川の水で一帯の村が田を作るというので

〇一筋に民を恵みの川なれば下は千筋にうるおひにけり

毎日、湯治の人たちが来て、四方の山の話などをするのが雅俗とも言うべき興味をそそられる。

五月五日、黒石から迎えが来て、板留を発つことにしたので

〇帰るべき心はさらに夏過ぎて残る暑さに秋の来るまで

◇浅瀬石に城跡

同日、黒石へ帰った。

そうしたところ、今日、山形町から温泉へ行った道で、福民村という所に松並木があった。ここでは、「馬乗り」といって、近くの村から小荷駄を運ぶ丈夫な馬に乗って来て、その馬にさまざまな美しい装束を着せる。袢纏や、また襟の赤い襦袢、花色木綿、そのほかいろいろな着物で、この松並木の道を駆け比べする。見物人がおびただしく、

代藩主に据えた。このおかげで為信以来の家系は、黒石津軽家の方で連綿と続いている。

注6　地蔵院＝真言宗の寺院。語佛師匠が「山形町の愛宕山の別当」と書いているように、現在も「愛宕さん」と呼ばれている。現在は8月15～17日、各種団体が参加して行われる「黒石よされ踊り」（黒石市の民俗文化財）だが、江戸時代は黒石城下の各町から地蔵院まで踊り歩いた精霊送りの行事だったという。

注7　板留＝黒石から国道１０２号を東へ走り、浅瀬石川ダムの手前にあるのが板留温泉。江戸幕府ができて間もなくの慶長14年（１６０９）、後陽成天皇の女官たちと多数の公家が密通したというスキャンダル「猪熊事件」で、蝦夷地へ配流となった公家、花山院忠長がその途次に立ち寄り、浅瀬石川の川辺にわき出す湯を板で囲って湯舟を作り、入湯したことから「板留」の地名ができたと伝えられている。語佛師匠も「湯は川岸からわき出て土手を下り、川の中ほどに湯壺がある」と書いているから、温泉の様子は花山院忠長が入湯した頃と同じだったのだろう。

注8　ぬる湯＝漢字では「温湯」。黒石からは板留の手前にあり、今も湯治場の雰囲気を残している。東北地方独特の木彫り人形「こけし」には10系統あるが、そのひとつ「津軽系」発祥の地でもある。津軽系こけしは、胴の形や模様の描き方が工人によって異なり、一定の型がないのが特徴。

茶屋や物売りなども出る。

これは、黒石から一里ばかりの浪岡(注16)という所に、その昔、高畑大納言とおっしゃる方がお住まいになっていたので、浪岡御所(注17)と言ったそうだ。ここに賀茂明神の御社があり、毎年五月五日に、賀茂の競馬をなぞらえて駆け比べをするのだという。最近では、黒石でも馬の駆け比べをすると聞いた。黒石はご城下であり、見物人も多いので、浪岡で少しばかり馬にも乗ってから、みんなで黒石まで馬に乗って行くのだという。

私も、如莱先生の一行と同道して見物に行った。ほんとうに面白いことだった。
○豊なる御代や肥えたる比べ馬さても賑わう福民の野へ
六日に、如莱先生と一緒に、長崎(注18)という川原へカジカという魚を獲りに行った。その帰りに福民村の野辺で、如莱殿が、畑の中にある芭蕉翁の百五十年忌に建てられた石碑を見物しようと案内してくださった。石碑の表面には「花咲きて七日鶴見る梺（ふもと）かな」とあり、裏に「三界庵　如莱」と刻まれていた。

ここは、東には浅瀬石を見渡し、西は岩木山を望み、まことに風景

注9　不動尊＝板留の北に、弘前藩9代藩主・津軽寧親が京都から百種の楓を取り寄せて植えたといわれる「紅葉山」（標高263メートル）があり、そのふもとの中野神社は、「中野の不動」とも呼ばれ、「津軽三不動」のひとつとして信仰を集めた。
注10　沢辺、二潮内（二庄内）、金目、沖浦、天下平＝黒石市と十和田湖を結ぶ国道102号の近辺に、二庄内と沖浦の地名が残っている。これも盛岡藩領へ至る道筋のひとつだった。
注11　湯段嶽ノ湯＝岩木山南麓には、嶽温泉と湯段温泉がある。どちらも、弘前と鰺ケ沢を結ぶ鰺ケ沢街道（百沢街道）の途中にあり、距離は1・5キロほどと隣接している。弘前からは同じ方向で、ほぼ同距離にあり、語佛師匠のように一緒に言うのが通常だったのだろう。湯段温泉は享保年間（1716～35）に開かれ、嶽温泉とともに湯治場としてにぎわった。
注12　シオデ＝ユリ科の多年草。ツル状に育つが、山菜として食べるのは初夏に出て来る若芽。アスパラガスそっくりの味で、人気が高い。「シオデ」は標準和名で、それが「ショデ」、「ヒデ」と訛り、秋田県内だけでも「ソデコ」、「ショデコ」、「シュンデコ」、「ヒンデコ」、「ソデッコ」などの呼び方が生まれた。秋田民謡の代表曲のひとつ「ひでこ節」は、この山菜が題材。元唄は岩手県の「そんでこ節」で、さらに山形県の「しょんでこい節」、宮城県の「しょんねこ節」になったという。これ

が良い。この浅瀬石という所は、いにしえの千徳大和守[注19]という人の城跡で、山形町というのは、家老の山形周防という方が住まわれていた所とか。また、黒石から一里ほどの田舎館[注20]（いなかだて）という所は、やはり大和守一門の千徳嘉門という人の館跡でもあるという。ここから弘前への入口を和徳という。これも、和徳隠岐守[注21]という方の住んでいらっしゃった所と聞いた。

ここに、石の坊という古い塚がある。年号は寛文四年と刻まれている。表側の字は読めなくなっているが、下の方に「日」という一字がわかるので、日蓮宗の僧侶の墓ではないだろうか。それを、ただ「石の坊」とだけ呼んでいる。畑の真ん中なので（じゃまになるから）取り除くと、いつの間にかまた元の場所に帰っているという。

芭蕉翁の碑を見て

○月雪もこの内にあり花のもと
まざまざとその伝や花會しき　如菜
空はれ渡る鶴の一声　扇橋

◇日持上人の旧跡、法峠へ

八日、黒石から二里半余、南部領との境である法峠[注22]という所へ、如

も「シオデ」の美味を東北各県の山里の人々が知っていたから、素朴で味わい深い曲調の民謡を広める原動力になったのだろう。

注13　杉松殿＝突然出て来る名前で、どんな人物かわからない。

注14　浅瀬石川＝八甲田山系に端を発し、黒石市から田舎館村を流れて、藤崎町で岩木川の支流の平川に合流する。語佛師匠が「白川」と書いているのは、「平川」の誤り。また、語佛師匠は「あせし川とも呼ぶ」と書いているが、こちらが正しい読み方。たぶん漢字の読み方を「あさせいしがわ」と思っていたのだろう。

注15　藤崎村＝羽州街道の宿場で、現在の南津軽郡藤崎町藤崎。JR五能線・藤崎駅の東、平川の右岸に藤崎城跡がある。平安時代末期の前九年の役で敗れた安倍貞任の子がここに逃れ、その子が藤崎城を築いたという。この子孫は「安東太郎」を名乗り、鎌倉幕府に仕えて津軽の豪族となり、南北朝時代に秋田へも進出して、後に戦国大名となった。また、藤崎城跡から北東には、鎌倉幕府執権だった北条時頼が出家して西明寺入道となり、諸国を巡った際の逸話にちなむ「唐糸御前史跡公園」があり、延文4年（1359）と書かれた板碑が残るなど、津軽地方でも藤崎は古い歴史のある集落だった。

余談だが、藤崎はリンゴの人気品種「ふじ」発祥の地でもある。戦前の昭和13年（1938）、

莱先生ご夫妻と一緒に参詣した。ここは高館山中法嶺寺(注23)といって、日持上人(注24)の旧跡である。日持上人は日蓮上人の弟子で、六老僧である。このお山に足跡を残された。

黒石から一里ほどは平地で、そこから半里ばかり坂を登ると、聖人清水という所がある。京都の本満寺の日亀上人が登山した時、聖人清水と名付けたそうだ。

そこから半里ほどは少し下っていて、高館という所に出る。そこから再び半里ほど登り、お山のふもとに聖人の堂があった。そこには、(加藤)清正公の像、この山の霊宝の鈴もある。鈴は大きさが周囲五寸ほどもあるだろうか。表には「奉納」、裏には「楠正成」と書いてある。これは元々、黒石の御家中が所持していたものを堂に納めたということだ。正成がどこに納めた鈴なのかはわからない。伝教大師(注25)がお作りになったという摩利支天の尊像もあって、これは別にお堂を建てている。

それから、山上までは半里ほどある。三、四丁登ると、聖人がお題目を書かれた硯水という冷たい水がわき出している所があった。そこからまた四、五丁で番神石があって、またまた三、四丁登ると、経石という巨石がある。大きさは二間四方もある。それからまた二、三丁

農林省園芸試験場東北支場が藤崎に設置され、ここで交配された品種の中から昭和33年に選抜された「東北7号」が、同37年に藤崎の地名に由来する「ふじ」と命名された。リンゴが日本で栽培されるようになったのは、アメリカから苗木を輸入した明治時代からなので、語佛師匠の旅日記とは無縁の話である。

注16　浪岡＝黒石の北に位置する、旧南津軽郡浪岡町。羽州街道の宿場。合併により現在は青森市。

注17　浪岡御所＝南北朝の時代、南朝の正当性を示した『神皇正統記』を著した北畠親房の子、顕家は陸奥国司として南朝をささえたが、その一族(一説には顕家の弟、顕信の末裔)が浪岡に居を構え、「浪岡御所」、あるいは「北の御所」と呼ばれた。語佛師匠のいう「高畑大納言」も、浪岡北畠氏のことと思われるが、特定の誰かを指すのか、詳細はわからない。北畠氏は戦国時代、南部氏傘下の武将として浪岡城(国史跡)を拡張し、大きな勢力を得ていたが、内紛で衰退し、天正6年(1578)、津軽為信の攻撃で落城した。浪岡北畠氏はここで歴史の幕を閉じたが、子孫は秋田の安東氏を頼って落ち延び、秋田氏と改姓した安東氏が江戸時代になって三春(福島県)に移封されると、共に移って秋田家に仕えた。

注18　長崎＝黒石市役所の南東、県道の浅瀬石橋の手前が黒石市長崎。橋を渡ると黒石市浅瀬石だが、元々の浅瀬石集落はずっと東の高台にあり、

登ると頂上になる。頂上には日拝石というのがあって、これは、日持上人がお題目を書かれた石で、その墨の跡をまことにあざやかに拝むことができたのを、最近、これにたがねを入れて字を彫ったそうだ。本当に残念なことではないか。

この山頂から見渡すと、東には南部領境の焼山峠[注26]が見える。これはまた、笠松峠[注26]とも言うそうだ。昔々、ここに鬼人「おまつ」という女盗賊がいた所だという。（法峠から）南は秋田、西は弘前、岩木山を越えて深浦まで見えた。北は青森の海から松前まで見える絶景は、何も言うことがない。本当に奇絶の霊山である。この日拝石には、青森の海から龍燈を登らせたというありがたいお山である。

ここは、その昔は南部へ山越えする道で、上人もここを通られた折、しばらくこの山上におこもりになられたのだろう。

十日は、愛宕様の地蔵院へ、ご家老の唐午儀衛門様がおいでになり、一雅様も同道なされた。この一雅様という方は、本名を鳴海久作と申されるお金持ちで、唐午様、三浦様[注27]はたびたび江戸屋敷詰めになられていたので、江戸の思い出話などをして一日中遊んだ。

十一日から、またまた紫雲山来光寺[注28]というお寺で、三、四日、寄席を開いた。

戦国時代は城があった。長崎の川原からも見えたので、語佛師匠は「東に浅瀬石、西に岩木山」と書いたのである。

注19　千徳大和守＝浅瀬石城主、千徳政氏。浅瀬石城址は、東北自動車道・黒石インターの東、黒石市高賀野集落の南にある。大和守政氏は南部氏に属する有力武将だったが、南部氏を裏切り、着々と勢力を拡大する津軽為信に同調した。このため天正13年（1585）4月、南部信直（豊臣秀吉から領地安堵の朱印状を得た、三戸南部氏の当主。盛岡藩は、信直の長男の利直が初代）に攻められたが撃退した。しかしこの前月、南部氏に属する油川城（陸奥湾に面し、現在は青森市）を攻略したばかりの津軽為信が援軍を出さなかったため、後々の両氏の不和の原因となった。

注20　田舎館＝黒石市と弘前市の間にある南津軽郡田舎館村。天守閣を模して建てられた村役場の東側に、浅瀬石城主・千徳正久の2男、政実が文明7年（1475）、古い城を修復して居城とした田舎館城があった。それから5代目が千徳嘉門とも称した千徳政武だが、天正13年（1585）5月、津軽為信と、千徳氏一族の浅瀬石城主・千徳政氏に攻められ、籠城した3百人余が全員討ち死にする壮絶な戦場となった。

しかし浅瀬石城の千徳氏も、政氏の次の政康の代に津軽氏との同盟が破たんし、慶長2年（1597）2月、津軽為信によって滅ぼされた。

（弘前でもこのところ、芝居をやっているというので、如莱殿、一雅殿などは見物にでかけた。私らも誘われたが、青森へ行く予定だったので、弘前へは行かなかった）

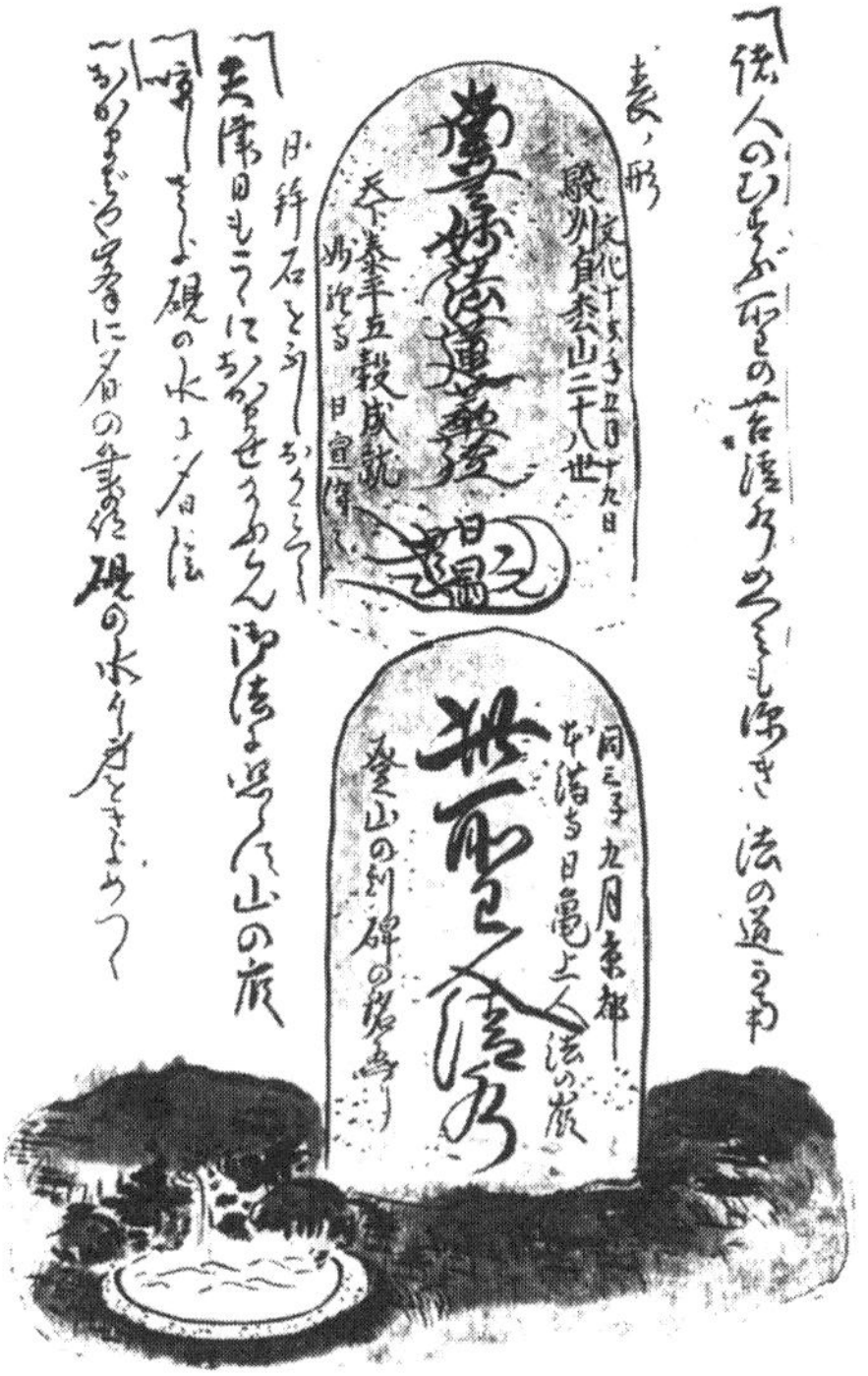

日蓮の高弟日持上人が蝦夷地への布教の途次、法峠に登って巨石に「南無妙法蓮華経」のお題目を墨書したと伝えられる「日拝石」。現在は通常「題目石」と呼ばれていて、このスケッチの姿を見ることができる。

注21　和徳隠岐守＝弘前市和徳町に小山内讃岐の城があり、津軽為信に攻め滅ぼされたことは弘前城下の紹介の時に触れた。田舎館から弘前へ向かうと、確かに語佛師匠の言うように和徳町は弘前城下の入口にあたる。居城の地名から、小山内氏が和徳氏とも呼ばれたのだろうが、「隠岐守」が誰を指すのかは不明。

注22　法峠＝黒石から東へ山道を登った、標高４６０メートルの峠。陸奥湾、岩木山を眺望できる場所で、今も人気スポット。語佛師匠は「南部との境の法峠」と書いているが、実際の藩境はもっと先で、「その昔は南部へ山越えする道」と言うように、法峠から先の道は早い時期に廃道となっていた。

注23　高舘山中法嶺寺＝黒石の日蓮宗妙経寺8世日浄が享保6年（１７２１）、法峠を探索して地中に埋もれていた日持上人の宝塔（お題目を墨書した巨石）を発見し、世に知らしめたという。法嶺寺の創立もこの時と言われる。しかしその後、堂宇は荒れ果てたらしい。黒石津軽家8代親足が加増されて黒石藩が成立（文化6年＝１８０９）する少し前、妙経寺18世日宣が、霊場法峠の復興を願って駿府まで日持上人の旧跡を訪ねたことを伝え聞いた津軽親足が材木を寄進し、法嶺寺が再建された。だが法峠は人里から遠く、また冬は登れないため、後に峠の登り口に礼拝所として法嶺院が建てられた。

　しかし幕末、寺境内の立ち木の伐採をめぐって地元の高館村と争いが起き、明治18年（1885）に至って、寺はふもとの法嶺院に移転、山号も高館山から宝塔山と改称した。その後も日持上人の「題目石」に参詣する人が絶えなかったため、高館村では峠に新たなお堂を寄進した。それが現在の東奥山法峠寺で、ふもとには法峠寺別院もある。法嶺院と法峠寺はどちらも日蓮宗だが別系統で、場所も離れているが、どちらからも法峠へ登る道がある。

注24　日持上人＝日蓮の高弟で、駿府（静岡市）の蓮永寺住職だった永仁3年（1295）、蝦夷地への布教に旅立ち、その途次、この法峠に登って、巨石に「南無妙法蓮華経」のお題目を墨書したと伝えられる。語佛師匠は「日拝石」と書いているが、現在は通常「題目石」と呼ばれている。ただし法峠寺からさらに登り、最も見晴らしの良い場所には現在、日持上人が毎朝、日の出を拝したという逸話にちなむ「朝拝堂」があって、「日拝」というのも理由のある言葉だ。

注25　伝教大師＝比叡山延暦寺を開いた最澄のこと。

注26　焼山峠……これはまた、笠松峠＝黒石から国道102号、国道394号、国道103号とたどると、八甲田山系に抱かれた酸ヶ湯温泉を過ぎた所に、傘松峠（標高1020メートル）がある。語佛師匠が旅した頃は焼山峠と呼ばれていたのだろう。「笠松峠」も現在は「傘松峠」と表記されている。法峠から現在の黒石市と青森市の境界をたどると、酸ヶ湯温泉に至るルートが見えて来る。これが昔の南部へ通じる道筋だったと想像できる。

注27　三浦様＝黒石藩の家中と思われるが、説明がない。

注28　来光寺＝語佛師匠の書き間違いで、浄土宗の寺院、紫雲山來迎寺が正しい。

青森に滞在

◇青森に入る

十七日に、黒石を出発し、青森（注1）へ行った。これには如菜先生からの手紙があって、安方町の鳴海由蔵とおっしゃる方の家を訪ねた。この方は、家業は漁師なのだが、岩城川与助という相撲取りの息子で、当時は青森の男伊達の若い衆の頭で、頼もしい人であった。青森では由蔵殿の家に落ち着いた。

青森への道は、黒石から浪岡へ出るのが本通りで、九里二丁ある。山越えする近道（注2）は八里ほどだという。三里ほどは平地で、それから三里ほど登り坂となり、一の沢という所に一軒家がある。ここから青森を一目に見下ろすことができる。海の風景がことのほかすばらしく、東の方は南部の尻矢ケ崎（注3）、西は津軽の竜飛崎（注4）、その向こうに松前をかすかながら見渡せるのだが、これはよほどの晴天でなければ見えない。

竜飛と白神の間は中の潮（注5）と言って、極めて難所である。青森から十七里で三厩（注6）（みんまや）、そこから（松前まで）七里あるそうだ。白

注1　青森＝原文は「青盛」と表記しているが、これは語佛師匠の当て字と思われる。青森という地名は、青々と松の生える「青森丘陵」に由来すると言われており、「青盛」と書くのは不自然だ。

　青森は江戸当初、善知鳥村と呼ばれる漁村に過ぎなかったが、江戸屋敷で必要な米を積み出す港として寛永元年（１６２４）、弘前藩２代藩主、津軽信枚の命を受けた開港奉行森山弥七郎が港として整備した。同時に、善知鳥村を青森村と改名した。青森はまったくの新開地だったが、森山奉行は越後、越前、近江にまで移住者を募って、急速に青森を発展させた。

注2　山越えする近道＝「青森への道は、黒石から浪岡へ出るのが本通りで」と書いているのは、羽州街道のこと。弘前から青森までは、現在の国道7号がその道筋になる。しかしそのルートからはずれている黒石からは、まず北東の浪岡に出てから羽州街道をたどらなければならない。語佛師匠が「近道」と言っているのは、現在の青森空港付近を通って青森市中心部に出る県道に重なる道筋かと思われる。その道を「三里ほどは平地で、

神の潮流は、松前から発していて本当に恐ろしい所だという。

早速、由蔵殿の家で、問屋衆、そのほか皆々様がおいでになり、二、三日座敷興行をした。

◇善知鳥神社の由来

十八日は、善知鳥（うとう）神社（注7）へ参詣し、神主に神社の由来を尋ねた。柿崎伊予という神主の語ることには、津軽藩の初代、為信公がこの国を切り開きなさった頃、この場所に南部の代官所があった。代官は為信公に追い落とされて南部八戸へ逃げた。その際、この神社の神主がご神体と縁起を持って一緒に逃げた。今では、八戸藩の御家中に神主の子孫がいると聞いている。

（ご先祖の為信公とおっしゃられるのは、久下岩松殿（注8）といって、南部の旗下にあった武将だが、南部の代官、そのほか津軽にいた館持ちの武士を追い払い、津軽一国を領地にして、津軽の国守になられたということである）

その後、一国の治安が収まって国守が領内を御巡見なさった際、猟師にこの神社はどういう神社かとお尋ねになられた。猟師の老人が申し上げたのは……昔、ここに文次という猟師がいて、その女房は「や

それから三里ほど登り坂」と具体的に書いているのは、実際に歩いたからだろう。
「一の沢」がどこだったのか、現在の地図では探せないが、青森空港の標高は２００メートルほどあり、青森市方向には視界をさえぎる高地はないので、陸奥湾はよく見える。
注3　尻矢ヶ崎＝下北半島の北東端が尻屋崎。青森空港付近から尻屋崎の方向には、広大な山地が広がっており、見通すことはできない。語佛師匠は「この方向に尻屋崎がある」と誰かに説明されたのではなかろうか。
注4　竜飛崎＝津軽半島の先端が竜飛崎。この岬に立てば、北海道最南端の白神岬が指呼の間に見える。しかし、青森空港付近からはその手前の山地にさえぎられて、竜飛崎は見えない。語佛師匠が「よほどの晴天でなければ見えない」と言っているのも、やはり見えなかったからだろう。
余談だが、嘉永5年3月5日（西暦１８５２年4月23日）、吉田松陰がここから津軽海峡越しに松前半島を遠望している（吉田松陰『東北遊日記』）。『奥のしをり』の旅から10年ほど後のことだが、その頃になると、日本に近づく異国船が数多くなり、松陰も海防の実際を視察するために竜飛崎を訪れた。ペリーの黒船が現れるのは、松陰の旅の翌年のことである。
注5　竜飛と白神の間は中の潮＝津軽半島竜飛崎と、北海道の松前半島白神岬の間は１９・５キロ。

す」いった。文次は長年の殺生の罪で気が違い、家を出て行方がわからなくなった。妻の「やす」はこれを悲しんで、潟に身を投げてしまった。それで、この潟を「安ヶ潟」という。それから間もなく、文次が帰って来てこのことを聞き、文次も潟に身を沈めて死んでしまった。するとこの潟に、見慣れない鳥が二羽来て遊ぶようになった。これは、きっと、文次と「やす」が鳥になったのだろうというので、雄を悪知鳥、雌を善知鳥と名付けた。猟師の文次と、妻の「やす」の霊魂を祀って、善知鳥の宮と呼んでいる……ということである。

今はよく知られた神社だが、ご神体も縁起書もなく、悪戸御前と言っていたそうだ。これは、悪戸村という所から出て、美人だったので国守の奥方になられた悪戸御前と申し上げるお方の守り本尊である弁天さまをこの神社に納めなさり、その時分は神社の周囲は潟で、神社が潟の中の島にあったので、悪知鳥潟島の弁天と名付け、神明社の神主、柿崎伊勢という人に預けたのであるが、後に弟の伊予に譲られたと言い伝えられている。

だから、安方町が青森の町の始めで、善知鳥文次安方町猟師八百軒と書いたのだそうだ。

善知鳥という鳥は、形は鴨に似ていて、鶴のようにくちばしの上に

東西130キロに及ぶ津軽海峡では、北海道函館市の亀田半島・汐首岬と下北半島の大間崎の間の18・7キロに次いで狭い場所。「中の潮」というのは、日本海から津軽海峡に流れ込む暖流、対馬海流のことだが、対馬海流は分岐してそのまま北海道西岸へ向かう流れもあり、潮流は非常に複雑だ。狭い海峡へ大量の海水が流れ込んで潮流が速度を増す上に、風向きにかかわらず常に白波が立ち、船の難所である。

注6　三厩＝竜飛崎を含む津軽半島最北端の地域が旧三厩村で、現在は東津軽郡外ヶ浜町。津軽海峡を渡る際の重要な港だった。地名の由来も、平泉で死んだとされる源義経が実は逃れて蝦夷地を目指し、ここで厩のような3つの海蝕洞（厩石と呼ばれる）で3頭の竜馬を得て海峡を渡ることができたという伝説による。

三厩には寛永2年（1625）、松前藩主の参勤交代のための本陣が設けられ、宿駅となった。江戸を目指す松前藩主が無事に海峡を越えると三厩でのろしを上げ、松前ではその知らせを受けて藩士一同が登城して祝ったという。また、蝦夷地測量に赴く伊能忠敬が寛政12年（1800）、出航したのも三厩からだった。

注7　善知鳥神社＝青森市発祥の地。現在の住所は青森市安方二丁目なので、語佛師匠が宿とした「安方町の鳴海由蔵」宅は善知鳥神社の近くだったことがわかる。

肉角がある。水に潜って魚を獲り、角に魚を刺す。めったに見ることはない。花鳥ともいう。青森から南部、松前の間に住む猟師が、海上で霧が深く闇夜のようになった時、「おーい、おーい」と呼ぶ人の声が歌うようで、鳥の声も歌うように聞こえるから、「うとふ」（歌う）鳥ということだ。これが昔の悪知鳥・善知鳥だという。

また、ある説によると、「うとふ」という鳥がいるわけではないという。鴈（がん）のことだという。鴈は砂の中に子を産み、自分でもわからないほどに砂で隠す。空に上ってその子を呼ぶ声は人間と同じで、これを「うとふ」という。

また、安方というのは、猟師の目に触れない安心な方へ子を置くので「安方」いう。人間がその子を見つけて獲れば、恨んで涙を落とす。その色は紅である。また鶚とも書く。また、よな鳥という。その子をひな鳥という。万葉集に

ますらをのゐんひなとりをうらむれて泪も赤く落とすよな鳥

思うに、よな鳥とは、あの花鳥のことであろう。「よ」と「は」を間違えたのだろう。

鴈ではないだろう。この善知鳥のことは、どう考えても詳しくはわ

神社の由来には諸説がある。よく知られている伝説は、宇頭大納言安方という人が陸奥に流され、ここで亡くなった後、親子の鳥が現れて、親鳥が「うとう」と鳴くと、子鳥は「やすかた」と答えているように聞こえたという話だ。語佛師匠が書き残したのは、民間伝承のひとつと思われる。

善知鳥は、歌枕にもなっている。これを有名にしたのは謡曲「善知鳥」で、室町時代の寛正6年（1465）、足利将軍の前で演じられた記録があり、この能楽でシテが「みちのくの外ヶ浜なる呼子鳥鳴くなる声はうとうやすかた」と謡う。この謡曲のストーリーは……旅の僧が越中立山（富山県）で、奥州外ヶ浜の猟師の亡霊に「蓑と笠を外ヶ浜に住む妻子に届けてほしい」と頼まれる。猟師は生前、母鳥をまねて「うとう」と鳴いては、地上に隠れていた子鳥が「やすかた」と答えるのを聞いて捕らえていた。すると母鳥は血の涙を流すので、その血を避けるために身につけていたのが蓑と傘だった。しかし猟師があの世へ行ってみると、善知鳥は鉄のくちばし、銅の爪で罪人の目玉をつかみ、肉を割く怪鳥になっていた。猟師の亡霊は生前に善知鳥を殺傷した罪業を悔い、旅の僧に救いを求めて姿を消す……という、実に恐ろしい物語である。

注8　久下岩松殿＝津軽為信の出自については諸説あるが、久下岩松という名前は見当たらない。語佛師匠が誰かから聞いたと思われるが、根拠は不明。

からない。

　ここは津軽の合方、外ヶ浜[注9]といい、また卒都ヶ浜、策覯ヶ浜、「義経記」には百度の浜、また十三浜とも書いている。合方とは、東は南部、南は秋田、北は松前、蝦夷ヶ島、西は庄内酒田から越後、越前、京、大坂までへも行く街なので、合方というのだそうだ。
○安方とともみ文次もきへうせて夜目ともわかぬ鳥の跡かも
○朝な夕なすなとる舟に身をまかせ世を安方みおくる浦人

◇青森の町を歩く

　青森の町家の数は三千軒[注10]という。大町通り、米町通り、浜松町という所は片側町で、海に面して船問屋が十一軒ある。瀧屋[注11]、沢屋、竹野屋、藤林、岩城屋などが大店で、ほかに付け船小宿が数多い。この町に隠し者[注12]がいる。これを「こも」という。また「切り売り」とも言う。六匁である。三百六十ある。

　青森では前句付け川柳[注13]が盛んなので
○海辺のこもはきりうり六匁
　また、赤鬼という銘酒があり、瓢という題で前句付けの点取りがあり

注9　外ヶ浜＝陸奥湾に面した津軽半島の東岸のこと。日本最北の歌枕でもあり、西行の「陸奥の奥ゆかしくぞ思ほゆる壺の碑そとの濱風」の歌で知られる（「壺の碑」も青森県にある歌枕）。この地名の由来は、日本海の交易ルートに関係すると言われている。津軽半島の日本海側（西岸）では、岩木川がそそぐ十三湖が日本海とつながる十三湊が古くから知られた港で、中世にここを支配した安東氏は蝦夷地まで勢力を広げた。越前敦賀から十三湊を経由して蝦夷地へ至るのが海運の主要ルートであり、津軽半島の東岸は、その「外」に位置する浜だったのである。
　語佛師匠は青森の紹介で「津軽藩の初代、為信公がこの国を切り開きなさった頃、この場所に南部の代官所があった」と書いているが、これは何かの間違いと思われる。戦国時代の青森は、善知鳥村という漁村に過ぎず、南部氏の拠点があったのは、現在は青森市内になっている油川（青森市中心部から5キロほど西）で、南部氏の家臣である奥瀬氏の居城があり、外が浜では有力な交易港でもあった。油川城は天正13年（1585）、津軽為信の攻撃で落城したが、油川商人は津軽氏への敵対心が根強く、青森開港後も密かに沖合で松前や下北（下北半島は盛岡藩領）、遠く敦賀から来航する船と交易を続けた。これは油川が、仙台、盛岡を経由する奥州街道と、山形、秋田、大館、弘前を結ぶ羽州街道の合流点という陸路の要衝で

○瓢から鐘馗赤鬼出して呑み

遊女屋は大町通りの下塩町という所にある。昔は十一、二軒もあったそうだが、今は五軒になっている。酒田屋、沢屋、松葉屋、松坂屋、新茶屋があり、新茶屋は越後から近年来たそうで、主人は本間という。

十九日に、船問屋の藤林へ行った。

丸屋佐助という人は、江戸の人で、六、七年、ここに住んでおられるという。

村林という人は、この青森の裕福な家の跡取りだそうだ。

二十日は町の中を見物して歩き、大町通りから塩町のつづみ（鼓）の橋を渡り、野内という所まで行った。ここは南部境の御番所(注14)があり、大変に出入りが難しい。この先に浅虫(注15)という良い温泉がある。風景も良いと聞いているが、青森から出る手形がなければ番所を通ることができない。と言っても、夕方になると隠れ道もあると聞いたが、なにかと面倒なので、帰って来た。

その夕方、見立殿と申される医者……この人は黒石の如莱殿の隣の家の松野殿というお医者の弟で、青森の文竜殿という方の養子になって来たそうだ……と一緒に、大町の長野屋という所へ行った。

もあったからだ。奥州街道をたどれば、青森は油川の手前の宿場でもあったので、あるいは奥瀬氏が誰かを配置していたのかもしれないが、「代官」というほどの役割であったとは考えにくい。油川から津軽半島の先端、三厩へ延びる海沿いの道は奥州街道の延長でもあるが、松前街道、または外ヶ浜街道とも言われた。

注10　青森の町家の数は三千軒＝『津軽・松前と海の道』（長谷川成一編　吉川弘文館・街道の日本史3）によると、開港してからおよそ50年後、寛文11年（１６７１）の家の数は３０６軒で、寒村に過ぎなかった青森が次第に大きくなっていたことはわかるが、さらに安永9年（１７８０）の人口は約9千人、明治2年（１８６９）の人口は1万７５０人と記録されているという。語佛師匠が青森を訪ねたのは天保14年（１８４３）だから、「町家の数は三千軒」というのもほぼ間違いない数字である。江戸時代の地方都市としては、かなり大きいと言える。

注10　瀧屋＝明治末まで続いた弘前藩屈指の豪商、伊東善五郎家のこと。初代は、開港奉行森山弥七郎の誘いに応じて越後から移住し、回船問屋を開いた。研究者によると瀧屋の旧蔵文書には、青森に支店を開いていた金沢の豪商・銭屋五兵衛からの17通の書状があり、疑獄事件で没落した銭屋が弘前、黒石両藩へ貸した金の回収依頼があるという。大名貸しの取り立てを仲介できるほど、伊東

二十一日、二十二日は、由蔵殿の家に芸人を集めて座を持った。二十三日からは、米町の岡問屋という宿屋で、米屋吉蔵とおっしゃられる方のところへ引っ越した。

この日から、大町の黒田与之吉殿と申される方の家で二十五日まで寄席を開き、二十六日には塩町の酒田屋へ行った。二十七日はまたまた黒田殿方で咄をして、二十八日は船問屋の岩城屋へ行った。二十九日に、黒田殿に暇乞いし、その夜、岩木川で別れを告げ、五月の末日に出立と決めた。

浅虫の先の平内[注16]という所の、小湊という所に錦塚があるという。昔は槻の大樹があったそうだが、今はその根元の株だけが残っているそうだ。しかしその大株は三間四方、中株は二間四方、小さい株も一間四方もあるという。

家が実力を持っていたことを推測できる史料だ。

注11　隠し者＝意味不明。「こも」、または「切り売り」という別名も実態がわからない。「切り売り」の値段が六匁だというと、あるいは魚のことかもしれないが、それが「三百六十ある」との説明には単位も書いていないので、また困惑させられる。

注12　前句付け川柳＝俳句と同じ「５・７・５」の17文字を駆使し、滑稽で機知に富み、世の中を風刺するような内容の短詩が川柳だが、もともとは、「５・７・５・７・７」の短歌の「７・７」を出題し、それに「５・７・５」の前句を付ける言葉遊びだった。例えば、「怖いことかな怖いことかな」という出題から「怖がらせる状況」を連想し、「かみなりをまねて腹掛けやっとさせ」（逃げ回る幼児に「雷だ。へそを取られるよ」と母親がおどかして腹掛けをさせる）という具合に前句をつけるのである。江戸中期の宝暦（１７５１〜６４）の頃、江戸に柄井川柳（からい・せんりゅう）という優れた選評者が現れ、後句を出題して広く前句を募集し、入選句を印刷して発行した。これが大評判となって回を重ね、それまで「前句付け」と言われていたのが「川柳点」と呼ばれるようになり、そのうち単に「川柳」となった。

19世紀になると「前句付け」はすでに下火になり、『奥のしをり』の旅の頃は自由な発想の川柳が主流になっていたのだが、青森ではまだ古い形式の「前句付け川柳」が盛んだったことに、語佛師匠が興味をそそられたのである。

注13　南部境の御番所＝青森市野内（市の中心部から8キロほど東、JR東北本線の野内駅付近）に、野内関所（番所）跡が残っている。実際の盛岡藩との境は、その先の平内と野辺地の境界だが、盛岡藩領から来る旅人を見張るため野内に関所を設けた。平内は黒石藩領だったことから、街道の海側に弘前藩、山側に黒石藩の番所があったという。野内は、羽州街道の碇ヶ関、日本海側の大間越街道南端にある大間越とともに、「津軽三関所」と呼ばれる重要な関門だった。

青森発祥の地と言われる善知鳥（うとう）神社。周囲を鎮守の森に囲まれていた当時のたたずまいが、よくわかる。

注14　浅虫＝青森市浅虫。古くは「麻蒸湯」と呼ばれた温泉場。この温泉で麻を蒸して繊維にしたからだというが、天明8年（1788）に訪れた菅江真澄は旅の記録『外が浜づたひ』で、「火に関する言葉を嫌って、近年、浅虫と改めたと老村長が語った」と書き残している。

注15　平内＝東津軽郡平内町。夏泊半島の町。江戸時代は黒石藩の飛び地で、中心部の小湊には黒石藩の代官所があった。奥州街道の宿駅でもある。黒石藩領の平内は東端で、盛岡藩領の野辺地（上北郡野辺地町）と接していた。野辺地町に入ってすぐの馬門（まかど、奥州街道の宿場）には、津軽・南部藩境塚があり、戊辰戦争の際、ここで両藩の戦闘があった。平内町は現在、「養殖ホタテの水揚げ日本一」の町として知られている。

再び黒石へ

◇中将実方と入内雀

五月のみそかに青森を発った。（青森へ来る時に通った）一ノ沢から半里ばかりの所に、入内(注1)（にゅうない）という場所がある。ここは中将実方朝臣(注2)の旧跡で、入内山杲福寺という寺がある。千手観音がご本尊で、境内に実方朝臣の塚がある。実方朝臣は「みちのくの歌枕を見てまいれ」との仰せを受けて、ここまで下って来られたが、ここに道祖神のお宮があり、馬を曳く馬子に「馬を下りてくだされ」と言われたのに対して、「我は中将である。なんで道祖神に対して下馬しなければならんのだ」と、そのまま通過したところが、直後に落馬して亡くなられてしまった。その魂が雀となって京の都を慕い、内裏まで飛んで行ったので、これを入内雀(注3)といい、またここを入内というのだそうだ。この杲福寺に実方朝臣の烏帽子、狩衣などさまざまな宝物がある。

ここから黒石の如莱殿の家に行き、また二、三日逗留した。

注1　入内＝青森市入内。青森空港から4キロほど東に位置する。江戸時代は観音堂があり、弘前から青森への道筋のひとつだったこともあって信仰を集めた。現在は寺ではなく、小金山神社となっていて、「津軽三十三観音」の24番札所である。

注2　中将実方朝臣＝百人一首の「かくとだにえやはいぶきのさしも草さしも知らじな燃ゆる思ひを」（こんなにもこがれていますと　それだけでも伝えたいのにとても言えない　私はまるで伊吹のさしもぐさ　火がついて　私は燃える　熱して燃える　でもあなたには　この火は見えない＝大岡信訳）で知られる歌人、藤原実方。清少納言の恋人と言われている。左近衛中将にまで出世したが、書家として知られる藤原行成と和歌のことで口論となり、怒った実方が行成の冠を奪って投げ捨てたのを一条天皇が見とがめ、「歌枕見てまいれ」と実方を陸奥守に左遷したという説話がある。しかし一説には、「歌枕」が歌に詠まれた土地、地名という概念の確立されていなかった当時、自ら陸奥の歌枕の旅を願い出たとも言われている。実方が都へ帰ることなく、長徳元年（９９５）、

この入内の近くに、塩焼藤太という者の住んでいた旧跡があるという。しかし、塩焼藤太という人がどこの、何をした人なのか実像は不詳である。落人と思われる。

◇西明寺時頼と唐糸御前

また、藤崎という所に唐糸の池というのがある。これはその昔、西明寺時頼入道(注4)の思い人である唐糸御前という女性が、時頼につながる場所を訪ねてここまで来て、この池に身を投げたということで、この辺りを唐糸野と呼んでいる。弘前に唐糸山藤先寺(注5)という寺がある。ここは唐糸御前のなきがらを納めた寺で、宝物が数多くあるそうだ。天保十二年に御開帳があるという。弘前の長勝寺(注6)の釣鐘も、唐糸御前の菩提を弔うために鋳造したそうだが、本当かどうかはわからない。

（秋田から津軽への道中で、大館から一里の釈迦内(注7)という所に、釈迦堂がある。これは唐糸の初七日忌に建てられたと言われる。また、秋田の仙北に、没後二七日、三七日までに建てられた釈迦堂(注8)があるそうだ）

◇坂上田村麻呂にちなむ旧跡

黒石から二里ばかりの所に猿賀山(注9)というお宮があり、坂上田村麻呂

客死したことからさまざまな伝説が生まれたのだろう。実方の生年は不明で、死んだのは40歳ごろと推測されている。

「奥のしをり」では、実方の死の様子を書き記しているが、実方が騎乗のまま道祖神の前を通り過ぎた直後、神罰によって落馬して死んだことは『源平盛衰記』に記されている話で、それは現在の宮城県名取市愛島の笠島道祖神だとされている。ここに実方の墓とされる塚があり、実方が没しておよそ２００年後、西行がこの地を訪れて「朽ちもせぬその名ばかりをとどめ置きてかれ野のすすき形見にぞ見る」と詠んだ。その頃はすでに、実方の墓は忘れ去られ、生い茂ったススキが取り囲む荒涼とした風景だったのだろう。

それからさらに５００年後、『奥のほそみち』の旅で芭蕉も実方の墓を訪ねようとした。しかし村人に「その墓なら、遥か向こうの山ぎわの、笠島という集落にあって、形見のススキもある」と教えられたものの、五月雨（梅雨の長雨）で道がぬかるみ、体もくたびれていたので、「笠島はいづこ五月のぬかり道」の句を残し、遠くから山を眺めただけで通り過ぎた。

笠島の道祖神は、明治になって佐倍乃神社と改名され、実方の墓も現存している。だが、実方の墓は遠く離れた山形市にもある。山形県庁の南に見える千歳山のふもとにある古刹、萬松寺境内だ。そしてこちらは、歌枕「阿古耶の松」にちなむ場

将軍が建立したという。猿賀山深砂宮というそうだが、どんな神様なのかわからない。たくさんの人が参詣するという。

（ある人の言うには、猿賀山は田村麻呂将軍が退治された鬼だとか。莚七枚で包んで、ここに埋めたのだ。歯は長さ五寸ほどもあって、今でも時々、それを掘り出す者がいると言われている）

また、黒石の藩主の屋敷内に稲荷神社がある。これも田村麻呂将軍の建立と伝えられ、大きな木製の面が多数ある。これは田村麻呂将軍が蝦夷をお討ちなさった時、この面を兵士にかぶせて蝦夷を脅しなさったという。大変古い物で、これを見ると、さもありなんとも思える。

西明寺時頼のことは、本当のこととはあまり思えない。時頼を描いた絵の賛に、「いにしえの鎧に今はひきかえて衣一重を通す矢もなし　詠み人知らず」とある。
○雲の上のとがめは遠き歌枕実に敷島のみちのくの果て
○唐糸の糸ももつれし物語りいつの時頼言いふらしけん
○その顔も夕日に赤き猿賀山しんしゃ宮[注10]とはよく名づけたり
ここから五所川原[注11]、木造[注12]、深浦、鰺ヶ沢辺りまで行けば、きっとさまざまな名所旧跡もあるのだろうが、秋田へ早く帰りたいので六月五

所でもある。「陸奥のあこやの松に木がくれて出づべき月の出でやらぬかな」（『夫木和歌抄』、詠み人知らず）がその歌だが、これは阿古耶姫の悲恋物語にちなむ歌である。藤原鎌足から4代目の豊充という人の娘が阿古耶というから、実方よりも遥か昔の物語だ。陸奥国守として赴任した豊充に同行した姫が土地の若者と契り結んだが、若者は実は松の精だった。その松の木が切られてしまい、嘆き悲しんだ姫が、その跡に新しく植えたのが阿古耶の松だという。『平家物語』には、実方が阿古耶の松を捜し歩き、国境を越えて出羽の国に入って見つけたのが萬松寺の裏山にある松の木と伝えられている。

この話には後日談がある。実方が笠島で亡くなった後、中将姫とも、十六夜姫とも呼ばれた実方の娘が父を訪ねて来た。父は遺言で千歳山に葬られたと知り、父の墓に毎日のように詣でていた姫に、毎晩、若者が通って来るようになったのだが、実はそれは松の精で……そのあとは阿古耶姫の伝説と同じ経過をたどる。この話が伝えられる松の木は、県境を越えた宮城県側にある。そして萬松寺の実方の墓には、ふたつの墓が並んでいて、それは阿古耶姫と、実方の娘の中将姫の墓だという。この2本の「阿古耶の松」は、仙台城下と山形城下を結ぶ笹谷街道の藩境をはさんだ場所にある。「奥のしをり」の旅より50年ほど前の天明元年（1781）、江戸の商人で歌人の津村淙庵という人

日に黒石を出発したが、蔵館、大鰐(注14)という温泉場があり、大鰐の川原子の湯でしばらく湯治した。ここでは田中重次郎とおっしゃる方の宿に泊まった。この湯を「からこの湯」という。川原子を縮めたのだろう。三日で湯舟を一回りするほどの強い湯だ。瘡などにはよく効きそうだ。

○ひりひりと体にしみて熱ければからこの湯とや人のいふらん

男女の風俗。農業、山かせぎなどに出る時は、下には裂織、刺し子などを着て、上には紺の麻布のはんてんを着る。寒い国なので猪、鹿、狐、狸の皮などを上に重ね着して、笠はアラダイという草で編んだくくり留めに、青苧で房などを下げる。女は同じ紺の麻布はんてんに、同じ麻をいろいろ美しく染めたのを着る。被り物は風呂敷を二つに折り、頭巾のようにかぶって後ろで結ぶ。稲の植え付けは、三月上旬に苗代を作り、十四、五日ごろ種もみを蒔いて、山々から若葉を刈り取って来て肥料にする。早ければ五月初め、遅くとも二十日頃には残らず苗を植えてしまう。残暑の強い年は豊作だという。

が、奥州街道を通って仙台、松島を見物した後、羽州街道を経て秋田に滞在した紀行文『阿古耶の松』（細川純子訳、無明舎出版）を残しているから、阿古屋の松は江戸時代もよく知られていたことがわかる。ただし淙庵は、笹谷街道から少し北の二口街道を通って天童の方へ出たので、歌枕を紀行文の題名にしたものの、笹谷街道の「阿古耶の松」は見ていない。

　このように、藤原実方の伝承は現在の宮城県と山形県に集中していて、実方が津軽まで来た記録もない。「奥のしをり」の話は、実方にまつわる「入内雀」の伝説と、黒石から青森への道筋にある「入内」という地名を結びつけ、よく知られた逸話を津軽の人たちが借用したものと推測される。

注3　入内雀＝実方の怨念が雀に転生して、天皇のお住まいになる内裏に飛んできて米を食べたという伝説は京の人々に語り継がれ、内裏に入ったので「入内雀」とも、「実方雀」とも言われた。しかしそんな伝説ではなく、「ニュウナイスズメ」という鳥は実在する。スズメ科スズメ目の野鳥で、雀そっくりだが、雀のほおにあるはずの黒点がなく、頭と背はスズメよりあざやかな栗色をしている。人里に群れる普通の雀と違い、ニュウナイススズメは森や林を好み、本州中部以北の山地、北海道の平地で5～7月に繁殖し、関東以南で越冬する渡り鳥だ。鳥の名前の由来は、ひとつには中将実方の逸話であるが、ほかにも説があって断言で

きない。

注4　西明寺時頼入道と唐糸御前＝時頼とは北条時頼（１２２７～６３）のこと。鎌倉幕府執権として幕政の刷新に努め、豪族三浦氏を滅ぼして北条氏の絶対的地位を固めた。康元元年（１２５６）、出家して西明寺入道となったが、死ぬまで幕政に関与した。その一方で、出家後は諸国を巡って民情を視察したという伝承が各地に残るが、それを裏付ける史料はない。語佛師匠も「西明寺時頼のことは、本当のこととはあまり思えない」と書いている。

　唐糸御前との逸話も、伝承説話のひとつ。唐糸は時頼の寵愛を受けたが、他の女性たちのねたみを受けて津軽の藤崎に落ち延びた。その後、西明寺入道が津軽へも来ると聞いて、自分の衰えた容貌を見せられないと、池に身を投げたという。しかし、唐糸がなぜ津軽へ来たのかについては、まったく不明。また唐糸は藤崎で、奥州藤原氏の子孫である藤原秀直の妻となり、唐糸が生んだ男子、藤原頼秀が津軽氏の祖先となったとの説もあるが、これも根拠は不明。津軽為信の出自に諸説があるように、唐糸御前も津軽氏発祥伝説のひとつかもしれない。

　なお藤崎については、「黒石へ」の「注15」を参照。

注5　藤先寺＝長勝寺に連なる曹洞宗の寺で、読み方は「とうせんじ」。元々は藤崎村（現藤崎町）にあったが、弘前城下の整備に伴って移転した。創建は戦国時代の天正元年（１５７３）であり、その開山の中岳善哲という僧侶が戦国末期、津軽為信の使者として庄内へ赴いた功で、為信が寺領を寄進したとも、為信の正室の弟２人が死去した際に寺領を寄進したとも伝えられるなど、津軽氏との深い関係があったことは間違いないが、山号は長雲山であり、鎌倉時代の西明寺入道と唐糸御前の逸話に結び付く伝承は見当たらない。

　「唐糸山」は、同じく長勝寺に連なる曹洞宗万蔵寺の山号。この寺は弘長2年（１２６２）、藤崎村に創建され、西明寺時頼と唐糸御前にまつわる伝説がある。「奥のしをり」に書いてある「長勝寺の釣鐘」は、現存する「嘉元鐘」のことと思われ、万蔵寺にあったものだとされているが、唐糸御前を弔うために鋳造したかどうかは不明。藤先寺は「ふじさきでら」とも読めることから、語佛師匠は唐糸山万蔵寺に伝わる話を取り違えて書き記したと思われる。

注6　弘前の長勝寺＝弘前城の防衛線として城の南西に曹洞宗の寺院を集めた「長勝寺構え」（弘前市西茂森1、2丁目）の中心となる寺院。津軽氏の祖である大浦氏の菩提寺として大永元年（１５２６）、現在の鯵ケ沢町に創建され、津軽為信の津軽平定に伴って2度移転した後、弘前の現在地に落ち着いた。「長勝寺構え」には長勝寺を含めて33もの寺院が並んでいる。

注7　釈迦内＝秋田県大館市釈迦内。羽州街道で津軽へ向かうと、大館の次の宿場町。

注8　秋田の仙北に釈迦堂＝『羽後の伝説』（木崎和廣編著、第一法規出版）によると、西明寺時頼が津軽から大館に入ったのが唐糸の初七日だったので釈迦堂を建て、次の七日には秋田に着いたので秘蔵の仏像を安置して唐糸の菩提を弔い、さらに次の七日に着いたのが「仙北西木村の西明寺」だという。

　仏教の輪廻転生思想では、死後7日経つと何かに生まれ変わるが、その日に決まらなければ次の7日目、さらに次の7日目と生まれ変わる機会があり、遅くとも7回目の7日目、つまり49日（しじゅうくにち）にはすべての霊が生まれ変わるとされている。

　秋田市旭北寺町には、二七日（ふたなのか）山釈迦堂光明寺（浄土宗）がある。西明寺入道時頼が笈に納めていた釈迦像を本尊として建立したとされる寺で、当初は秋田市土崎にあったが、佐竹氏の城下町建設に伴い現在地に移転した。鎌倉末期の作と言われる「時頼の持仏」釈迦像は本尊として守られているが、後世の補修が多く、美術的価値は低いと評価されている。

旧仙北郡西木村（現在は仙北市）の西明寺は、西明寺入道時頼が地名の由来だ。時頼はこの地にあった寺で唐糸の三七日（みなのか）供養をし、寺を真言宗光明寺と改めたという。その後、寺は名前を西明寺と改め、明治7年（1874）、廃仏毀釈に伴って大黒天を祭神とする大国主神社となったが、今でも祭神は大黒天のほか、阿弥陀如来、薬師如来、勢至菩薩の弥陀三尊があり、「三七日山阿弥陀堂」とも呼ばれている。

注9　猿賀山＝青森県平川市の旧尾上町にある猿賀神社のこと。蝦夷討伐に来た坂上田村麻呂が、戦勝に感謝して「奥州猿賀山深砂大権現」を造営し、津軽を統一した津軽為信が猿賀神社と改称した。境内には、田村麻呂が討った賊長の首を埋めた上に置いたという猿賀石がある。

注10　しんしゃ＝水銀と硫黄の化合物である辰砂のこと。赤の顔料（絵の具）として使われる。語佛師匠の狂歌で「夕日に赤き猿賀山」と詠んでいるのは、「猿賀山深砂宮」の深砂から赤い色の辰砂を連想したのだろう。

注11　五所川原＝岩木川が流れる西津軽郡の中心都市、五所川原市。弘前から北西に位置し、JR五能線で秋田県能代市と結ばれている。縄文時代の遺跡があり、古くから人が居住していたが、江戸時代に新田開発が進み、岩木川が津軽平野の重要な輸送路でもあったことから大きな町に発展した。

注12　木造＝西津軽郡木造町。五所川原市の西に隣接し、弘前藩2代藩主、津軽信枚の時代に始まった新田開発のために代官所が置かれた。当時の岩木川流域は湿地帯で、木を敷いて道路を造ったことから木造（当初は木作と書いた）という地名ができた。遮光器土偶（国重文）など多くの縄文式土器が出土した亀ヶ岡遺跡をはじめ、縄文時代の遺跡の多い場所で、菅江真澄の紀行文「津軽のつと」にも縄文遺跡が紹介されている。

注13　蔵館、大鰐＝どちらも南津軽郡大鰐町の大字名。昭和29年（1954）、蔵館町と大鰐町が合併して現在の大鰐町が誕生した。町の中心を流れる平川の両岸に大鰐の温泉街がある。温泉が発見されたのは鎌倉時代初期とされているが、江戸時代には「津軽の奥座敷」と言われるほど弘前藩の歴代藩主が訪れ、特に3代藩主、津軽信義は藩主の御座所である「御仮屋」を建てて、在国中はその期間の半分もここで過ごしたという。弘前藩には、「奥のしをり」の旅と同じ天保時代、大鰐と蔵館には湯小屋（湯治宿）が38軒もあり、湯治客でしばしば満員になったという記録がある。

源泉は60～80度の高温で、その熱を利用して江戸時代から「大鰐温泉もやし」が栽培されている。語佛師匠も「ひりひりと体にしみて熱ければ」と、湯の熱さを狂歌に詠み込んでいるが、「三日で湯舟を一回りするほどの強い湯」というのは、具体的な意味がよくわからない。

津軽より秋田へ帰る――阿仁鉱山へ

◇再び大館に

六月十三日、津軽の碇ヶ関から釈迦内村に入った。ここには、西明寺時頼入道の思い人である唐糸御前の没後七日に建てられた釈迦堂がある。それで釈迦内というのだ。仙北の角館[注1]（かくのだて）には、没後十四日に建てられた釈迦堂があると聞いた。

今日は大館[注2]まで行って、大町の越前屋吉郎右衛門という宿に泊まった。

目明しの須藤半八殿を訪ねたが、久保田の城下へ行って留守のため会えなかった。それで、同役の原田三四郎という方を訪ねたところ、「芸人を集めて座敷興行でもしたらどうだ。四、五日逗留すればいい」というので、大館にとどまることにした。

十四日には、黒石の如菜殿からの手紙を持って、肝煎りの石田宗右衛門殿（俳名は鴈口）、駅場役所[注3]の斎藤市郎右衛門殿（俳名は雪守）、岩沢作兵衛殿（俳名は月好）をお訪ねした。大館城下の内町の大沢謹

注1　角館＝「みちのくの小京都」とも言われる、佐竹北家の城下町。現在は仙北市。西明寺時頼入道と唐糸御前にまつわる伝説の地は角館ではなく、隣接する西明寺村（旧西木村、現仙北市）にあることは、前回の「注8」で紹介した。ここに書かれている「釈迦堂」は現在、大国主神社になっている。

注2　大館＝北秋田地方の中心都市。戦国時代は浅利氏の城下だったが、常陸から秋田へ移封された佐竹氏は、一門の小場義成を城代として、南部、津軽への備えとした。小場氏は後に佐竹西家と呼ばれ、明治維新までこの地を支配した。その中核となる大館城は石垣も天守閣もなく、居館を土塁で囲んだ城だったが、徳川幕府の「一国一城令」が発せられた（元和6年＝1620）後も存続を許された。これは、「一国一城令」に対して佐竹氏が非常に敏速に、領内の支城を破却したことを、2代将軍・徳川秀忠が喜んだからだと伝えられている。

語佛師匠が大館を訪れた時も城はあったが、戊辰戦争の際に盛岡藩（南部氏）の攻撃で焼失し、

次郎様……俳名は恭斎という方をお訪ねしたが、この方も久保田へ行っていてお目にかかれなかった。

十四日からは、三四郎殿と嘉吉殿、お二人の世話で、一心院(注4)という寺で五日間の座敷興行を務めた。

宿屋の吉郎右衛門の御隠居は庭づくりが好きで、庭を見ながら濁酒を楽しみ、少々風流も好まれて、自分で「濁酒庵」と名乗っているので
○盃を友と楽しむ濁酒庵おのれ一升樽ことをしる
十三日、宿の吉郎右衛門方に能代の女が津軽からの帰りだと逗留していたので、能代の丸萬八郎兵衛へ、その事情を知らせる手紙を出した。

十七日、津軽から来た市川男女蔵が病気だからと大滝で湯治していたが、能代の目明しの新助殿から迎えが来て、（男女蔵が）越前屋へ来て「能代へ行く」というので、やはり能代の八郎兵衛に手紙を出した。

我らも二十一日に大館を出立した。

もっとも、阿仁への入口の米内沢(注5)という所で市が立つというので、

現在は跡地が桂城公園になっている。
注3　駅場＝公用の馬を常備しておく所。法令で馬の数も決まっていて、大館の場合は5頭。
注4　一心院＝起行山一心院。大館市谷地町にある浄土宗の寺院。もともとは茨城県（常陸国）にあったが、佐竹氏の秋田転封に伴い、佐竹東家が大館に来て、一心院もここに再建された。
注5　米内沢＝旧森吉町（現在は北秋田市）の中心部。米代川の支流、阿仁川中流の川港として発展した集落。阿仁川上流部には阿仁の鉱山地帯があり、鉱石の中継地点として、また阿仁川流域の生活物資の集散地として栄えた。「浜辺の歌」や、童謡「歌を忘れたカナリヤ」、「赤い鳥小鳥」の作曲家、成田為三の出身地。秋田内陸縦貫鉄道・米内沢駅がある。
注6　鷹巣＝旧北秋田郡鷹巣町。現在は北秋田市。米代川右岸に位置し、鉱山地帯である阿仁地方への玄関口として、また米代川流域の木材の集散地として栄えた。現在は、ＪＲ奥羽本線・鷹巣駅から、阿仁地方を経由して仙北市・角館（ＪＲ田沢湖線・秋田新幹線角館駅）へ通じる秋田内陸縦貫鉄道が運行されている。
注7　脇神村＝鷹巣から米代川を渡った対岸の集落。現在は、すぐ南に「大館能代空港」（あきた北空港）ができている。
注8　七日市村＝国道１０５号（阿仁街道）に面した、旧鷹巣町の南端に近い集落。ここから小猿

大館の商人衆が荷物を送るという舟に便乗させてもらった。鷹巣[注6]という村まで六里あるからと、舟の中で商人衆に咄を所望され、一つ、二つ咄をしたところ鷹巣まで商人衆が一緒に来て、ご馳走になった。
その夜は、三四郎殿からいただいた紹介状で兵四郎殿という方を訪ね、鷹巣の村内で座敷興行をした。

◇鉱山地帯の阿仁へ

二十二日は、鷹巣から脇神村[注7]、七日市村[注8]、米内沢村まで行き、駅場役人の才助と申される方の家に泊まった。座敷から見える風景がとてもすばらしく、この日はここで市が立ってほんとうににぎわっていた。この村から「阿仁」の領分だという。二十三日、浦田村[注9]、前田村[注10]を通り、そこからは山道で馬は通れないという。
才助殿の座敷からは、すぐ前に阿仁川、その向こうには一面に田んぼが広がり、遠くに山々を見渡して、はるかには小繋の七倉天神の山[注11]が望まれて、よい景色なので
○ここらまで黄金の水や流れ来て小田もうるおう米内沢かも
ここに、伊口内[注12]という小さな村がある。ここから久保田（城下）ま

部川をさかのぼると、江戸中期から昭和30年代まで金、銀、銅、鉛などを産出した明又鉱山跡がある。

注9　浦田村＝米内沢から阿仁川を少しさかのぼった左岸の集落。浦田八幡神社境内には、文政12年（1829）に作られた阿仁街道の道標が保存されている。

注10　前田村＝旧北秋田郡森吉町。浦田からさらに阿仁川をさかのぼると、秋田内陸縦貫鉄道・阿仁前田駅がある。ここが前田村の中心地で、秋田県立森吉山自然公園への入口でもある。戦前は、2カ所の炭鉱（前田鉱山と七日市鉱山）で採掘される石炭の搬出基地だった。また、地主の小作料値上げに反対する小作農民組合が決起し、昭和4年（1929）に流血の乱闘事件にまで発展した「阿仁前田小作争議」（秋田県の三大小作争議のひとつ）の舞台としても知られる。

注11　小繋の七倉天神の山＝小繋は旧山本郡二ツ井町（現在は能代市）で、米代川の右岸に位置する。「七倉天神」というのは、やはり米代川右岸の「七座神社」のことだろう。しかし、米内沢からは阿仁川沿いに平地が続いているとは言え、神社までは見通せない。語佛師匠は、その手前の米代川左岸にある七座山（標高287メートル）を遠望したと思われる。

注12　伊口内＝「ここから久保田（城下）までの近道」というのは、現在の国道285号（五城目

での近道があるという。小阿仁(注13)へ出て山を越し、五城目へ出るという。
しかし、大変な難所だという。

途中に架け橋があった。半分までは一枚板を渡し、残り半分は舟を渡して、そこから岩坂といって岩を切り開いて坂道を造っている。その上には芭蕉塚がある。表には大きな字で「芭蕉翁」とあり、裏には

雲雀鳴く中の拍子や雉子の声　はせを(注14)
右も左も花の金山　　東野

と彫ってある。この（俳名）東野という人は、真木沢(注15)の手代、長谷川文助殿といって、当時は二ノ又(注16)におられた支配人の長谷川名右衛門殿の父親だそうだ。

○言の葉の石に花咲く金の山

ここから長野町(注17)まで二町ほどあった。

水無町(注18)から半町ばかり行った横町という所を経て、真木沢の役宅へ行った。ここに詰めておられる大久保正太郎様をお訪ねした。加護山からの手紙で支配人の橋木永助殿が取り次いでくださり、その夜は役宅に落ち着いた。大久保様にもお目にかかり、一席うかがった。

二十四日は、大久保様がご検分のため三枚(注19)へ行き、六か所の鉱山を

街道）のこと。伊口内は、この道筋の集落と思われるが、現在は小字名にも見当たらない。

注13　小阿仁＝阿仁川の支流に小阿仁川がある。その上流部が北秋田郡上小阿仁村で、米内沢から国道２８５号を走ると、上小阿仁村を経て南秋田郡五城目町に至る。江戸時代も、単に「小阿仁」と言えば、現在の上小阿仁村の地域を指していた。上小阿仁村は、現在の秋田県に三つしか残っていない「村」（他の二つは南秋田郡大潟村と雄勝郡東成瀬村）のひとつ。

注14　雲雀鳴く中の拍子や雉子の声　はせを＝「はせを」は松尾芭蕉のこと。「ばしょう」を文語で表記すると「はせを」となる。この句は『猿蓑』に収められている発句で、元禄3年（１６９０）の作品。「中の拍子」は、能の謡曲をうたう間に時々鼓が拍子を打ち入れることで、鳴き続ける雲雀の声を謡曲に見たて、雉子が時々鋭く鳴く声を「中の拍子」ととらえたのである。芭蕉が旅した最北の地は象潟（秋田県にかほ市象潟町）なので、阿仁とは無縁の句だが、俳諧に親しんだ（俳号）東野が脇句を添えて石碑を立てたのだろう。しかし、この芭蕉塚は現存していないようで、はっきりした場所は不明。

注15　真木沢＝現在の北秋田市阿仁真木沢にあった銅山。阿仁川の右岸に位置し、いわゆる「阿仁十一山」のひとつ。宝永3年（１７０６）に発見され、大正6年まで続いたと記録されている。全

残らず見回るとのことなので、大久保様のお供をして三枚へ行った。大久保様が所々でご検分されている間、私は天狗平という所から一足先に行って、三枚の御台所（鉱山役所）の支配人、菊地利助殿と申される方を訪ね、役宅に落ち着いた。そこで二晩、座敷興行をした。

ここの手代の治左衛門という人は俳人で、俳号を如松とおっしゃる。それで歌仙を仕立てようということになり

音のして出口の知れぬ清水哉　松塢
むげに折らるる藪の白百合　如松

これに続けて我らに第三句からを所望され

馬柄杓で蚊柱叩く小侍　扇橋
家のまがりのさてもうるさし　如松
錦木の昔語りや門の杉　扇橋

そうしているところに、宿屋から座敷で一席うかがいたいと言って来たので、宿屋へ行った。

二十六日、一ノ又[注20]の支配人、木村半左衛門殿方へ行って、役宅に落ち着いた。三枚から一ノ又までの道は、とても風景が良かった。谷川の流れが面白く、両岸には岩がそびえ、所々に滝が見えた。鉱山主[注21]の小屋などもある。

盛期には戸数百戸以上を数えたという。

注16　二ノ又＝阿仁川の支流、小様川をさかのぼり、さらに支流の二ノ又川の上流部にあった銅山。少しあとに記されているように、小沢鉱山の支配下にあり、御台所（鉱山役所）も小さかったという。

　昭和60年発行の『阿仁鉱山跡探訪』（戸島チヱ、私家版）によると、今でも多くの坑口が確認でき、道路わきには「無縁墓」と刻まれた文化13年（1816）の石塔が残っているという。

　江戸時代に奥羽と蝦夷地（現在の北海道）を遍歴し、最後は秋田で没した旅行家、菅江真澄は享和2年（1802）から文化2年（1805）までの4年間、阿仁地方にたびたび足を踏み入れている。享和2年10月には二ノ又に泊まり、森吉山に登った。

注17　長野町＝現在、この地名は見当たらない。「奥のしをり」の記述に従えば、水無町の北に続く町並みだったと思われる。

注18　水無町＝北秋田市阿仁水無。現在の秋田内陸縦貫鉄道・小渕駅と阿仁合駅の間にある集落。羽州街道の小繋宿（旧二ツ井町、現能代市）、または坊沢宿（旧鷹巣町、現北秋田市）から分かれた阿仁街道は米内沢で合流し、阿仁川沿いに南下するが、水無は米代川・阿仁川の舟運の終点で、鉱山関係者の生活物資の陸揚げ、逆に鉱山で採掘・精錬した粗銅の積み出し地として繁栄した。

一ノ又では二夜、座敷を務め、二十八日に二ノ又の長谷川名右衛門殿と申される支配人方へ行った。ここは小沢鉱山(注22)の下山で、家の数はとても少なく、支配人も役宅にお住まいになっておられた。

（二ノ又の役宅座敷から森吉山(注23)を見渡すと、山の上の石灯籠まで見えた）

一晩座敷を務めて、二十九日は萱草(注24)へ行った。ここもやはり小沢鉱山の下山で、役宅を住居にしている高橋清四郎殿を訪ねた。ここで一夜座敷を興行し、「もう一夜」と言われたのだが、小沢へ大久保様が到着されたので、七月一日、小沢の役宅へ行った。

ここは阿仁でも一番の鉱山で、集落もたいへん広く、手代、鉱山主、そのほか諸職人が多く、家の数もかなりある。支配人も二人いて山口正左衛門殿、小林嘉兵衛殿、御勝手方は軍蔵殿、三治殿と申される。

その夜、役宅へ（このあと落丁）

真木沢から三枚へ一里余、三枚から一ノ又まで半里余、一ノ又から二ノ又まで半里余、二ノ又から萱草まで半里余、萱草から小沢まで一里余、小沢からはた町(注25)まで半里余、銀山町(注26)から真木まで半里余、はた

現在も水無の船場跡には、「カラミ」（鉱石を精錬した後のカス）が野積みされたまま残されている。

注19　三枚＝阿仁川の支流、小様川沿いにあった銅山。寛文7年（1667）に発見されたとされ、以後、大正5年（1916）の廃山までおよそ250年間続き、最盛時には200戸の集落があったが、跡地は現在、山林と化している。幕末の万延2年（1861、2月19日に文久と改元）建立の芭蕉句碑「免砂らしや山をいで羽の初茄子び」が現存している。これは、地元の俳人グループ「花月連中」が建てたもので、語佛師匠が連句の会に参加したことでもわかるように、和歌俳諧をたしなむ知識人が多かったようだ。

三枚から南西へ約4キロメートルの小沢鉱山までは、明治17年（1884）に貫通したという隧道があった。すべて人力で掘り進んだ苦難がしのばれる坑口は、今も確認できる。

注20　一ノ又＝阿仁川の支流、小様川のさらに支流の一ノ又川をさかのぼった奥地の銅山。宝永7年（1710）に発見され、明治31年（1898）に廃山となったが、その後も細々と採掘されたらしい。最盛期には戸数100戸を数え、大正の初めに集落の7戸が全焼した火事が記録されているから、廃鉱後も住民がいたことがわかる。

現在は、森吉山への登山ルートのひとつになっている。菅江真澄も享和2年（1802）12月、森吉山の北麓にある白糸の滝を厳冬期に見たいと

町、銀山町、水無町、長野町合わせて十町ほどもあるだろうか。
○枝も葉もなお奥深く茂るらん黄金の花の真木沢の山
○朝夕の詠はつきぬ金の山これぞ月雪花の三枚
○金の蔓山からやまへまたがりて一ノ又より越ゆる二のまた
○萱草の中に黄金の花咲きて実る小沢の枝も大沢
○昔よりかかる矢比地に金わきて天下太良に山ぞ賑ふ
○卦の数にかのふや阿仁の八ヶ山これぞ払ひの八森の山
○三種よりただ一ト草の金のつる宝納むる院内の山
○吹き分くる千々の黄金のかつかつも宝入り来る山の賑ひ
○宝蔵へ納むる金や奥の上これを家形の御納戸の山
○金や山やまや黄金の蔦かづら
○五十歩も百歩もつづく金の蔓
○四季に咲く花や黄金の阿仁の山

真木沢御詰合　大久保正太(郎)様、水戸部新助様、支配人橋本永助殿
小沢　同　上松平右衛門様、支配人山口正左衛門殿、小林嘉兵衛殿
三枚御詰合はいなくて、支配人菊地利助殿
一ノ又　同　同　木村半左衛門殿

思い立ち、一ノ又の釜の沢にある戸塚鶴歩という人の宿に三日間も泊まっている。大雪で動けなかったためだが、雪踏みの男たちを雇って一の又からは北の小又川に出て、川沿いに山道を登り、森吉、女木内（おぎない）などの集落を経由して、現在の国民宿舎森吉山荘からすぐの白糸の滝を見物した。しかし真澄が歩いた小又川沿いの地域は、今では2011年に完成した森吉山ダムのダム湖に沈んでいる。

注21　鉱山主＝阿仁の鉱山は秋田藩の直営だが、実際の採鉱、精錬などは大坂商人が請け負っていた。

注22　小沢鉱山＝秋田内陸縦貫鉄道・阿仁合駅から南東の小沢山にあった銅山。江戸初期には金、銀を産出したが、鉱床上部の金鉱脈はほどなく枯渇し、銅山として本格的な採掘が始まり、「阿仁銅山」とも言われた。寛文10年（1670）から大坂商人によって経営され、秋田藩に運上金を納めた。

注23　森吉山＝標高1454・2メートルの、なだらかな山容の休火山。秋田県の高い山は、ほとんどが隣県との境界にあるが、森吉山は純粋に秋田県内に位置している。北秋田地方では最も高い山で、周辺には景勝地が多く、秋田県立自然公園に指定されている。

漂泊の旅人、菅江真澄も享和2年（1802）10月と文化2年（1805）8月の2回、森吉山

二ノ又　同　同　長谷川名右衛門殿
萱草　同　同　高橋平四郎殿
加護山御詰合　船山官平様　支配人田口市十郎殿
太良　同　長峯政兵衛様　同　木澤理左衛門殿
矢比地　同　大井隼人様　同　成田新一郎殿
八森　同　加賀谷五左衛門殿
院内　同　村木六郎兵衛殿
奥ノ上

八森(注27)と太良(注28)はとても古い鉱山で、平城天皇の大同二年(注29)に開かれたという。それで記録にも「八森古銀山」と書いてある。奥ノ上(注30)は南部領との境に位置する銀山である。

阿仁は六ケ所の山のどれもが銅山で、院内は金銀山(注31)である。太良は鉛山で、八森は銀山である。

ここ（小沢）は去年四月の火事で類焼した家が新しくなっていた。調理場なども新しくできていた。ことのほか役宅はきれいだ。それは、

に登っている。

注24　萱草＝秋田内陸縦貫鉄道・萱草駅（阿仁合から二つ南の駅）から東に入った山中の銅山。阿仁鉱山の中では最も南に位置する。

注25　はた町＝北秋田市阿仁銀山畑町。秋田内陸縦貫鉄道・阿仁合駅から少し南に位置する。

注26　銀山町＝北秋田市阿仁銀山。旧阿仁町役場があった、この地域の中心地。旧役場は現在、北秋田市役所阿仁庁舎になっている。

　地名のように、14世紀にはこの付近で金、銀が発見され、江戸初期、秋田藩の直営鉱山となってから銀山町は発展し、人口1万人にも達したという。金、銀は早くに掘りつくしたが、小沢銅山をはじめ「阿仁十一山」と呼ばれる銅山が次々に開発され、鉱山経営を請け負った大坂商人によって中国地方、北陸地方を中心に全国から鉱山で働く人々が集まって来た。人の移動が少なかった江戸時代としては、特異な場所となった。そして、鉱山に入った人々の中には、隠れキリシタンも多かったと伝えられている。また、阿仁銀山の専念寺には、瀬戸内で産した御影石の墓石が現存している。これは、北前船の寄港地だった能代から米代川、さらに阿仁川をさかのぼって運ばれて来たもので、江戸時代を通じて阿仁地方は、大坂、瀬戸内、日本海沿岸各地と結びついていた。

　明治初期、阿仁鉱山は政府の経営となり、ドイツ人技師のメッケルなどお雇い外国人が派遣され

このほど幕府の金山御巡見使がみえられるとのことで、連絡によれば半田銀山(注32)から南部領、津軽領を御見分なさって七月中頃に阿仁へおいでなさる予定だからだろう。

御巡見使は幕府御勘定方(注33)の本山幾次郎様、御普請方(注34)の土屋弥一様、金座役人(注35)の原良蔵様の三人だそうだ。そういう理由で、役宅の普請も立派にでき、一万石くらいの大名屋敷ほどもある建物だ。

小沢で二晩、座敷興行をして、「もう一夜、咄を聞かせてほしい」と言われたのだが、大久保様が真木沢へお帰りになるのに同道して、私も真木沢へ帰った。そこでまた役宅に落ち着き、二晩お座敷を務めた。

小沢から真木沢へ行く途中、大館の三四郎様からの紹介状を持って銀山町の目明し、巳ノ松というお人を訪ねたが、留守で会えなかった。

六日に、阿仁の木山役所(注36)へ大久保様が行くのに同道した。木山役所にお詰めになっているのは山形政之丞様、加藤縫之助様で、その夜は座敷で一席演じ、翌七日、木山方の役所から船で米内沢まで送ってもらった。

朝は少々雨模様だったが、四つ（午前十時）ごろから晴天になり、昼頃から夕方まではまたまた夕立が来て、ようやくの思いで米内沢に着いた。
○陸よりも近き船路や弓と弦矢をいるごとく下る阿仁川

て来た。明治13年（１８８０）、彼らの宿舎として建設されたレンガ造りの洋風建築「異人館」が、国の重要文化財に指定され、保存されている。阿仁鉱山はその後、古河市兵衛に払い下げられ、さらに古河鉱業に移管されて、昭和54年（１９７９）に閉山となるまで続いた。

注27　八森＝ここは阿仁ではなく、日本海沿いに北上した山本郡八峰町の旧八森町にあった銀山。ＪＲ五能線の秋田県最北の駅、岩館駅の南に岩館漁港があるが、その少し南で海に注ぐ小入川を１キロほどさかのぼった山中にある。国道１０１号の小入川橋からは２００メートルほどで、現在は八峰町八森銀山という地名になっている。江戸時代初期に開発され、最盛期には千人を超える労働者がいたというが、鉱脈の衰退と再開発を繰り返した。

注28　太良＝「だいら」と読む。ここも阿仁ではなく、山本郡藤里町にあった鉛・亜鉛鉱山。慶長年間（１５９６〜１６１５）に発見された銀山との記録がある。旧二ツ井町（現能代市）で米代川に合流する藤琴川を30キロもさかのぼった山間地にあるが、最盛期には７５０人が暮らしていたという。この鉱山が注目されたのは、安永2年（１７７３）、科学者の平賀源内と、石見銀山の山師・吉田理兵衛が秋田藩の招きで阿仁の鉱山を調査に訪れ、鉛を触媒として粗銅から金、銀を吹き分ける技術を伝えたことによる。それまで秋田藩は、

○夕立に追われて阿仁の下り船

その夜は米内沢駅場の才助方に泊まったのだが、七つ（午後四時）ごろから大雨になって、雷も鳴り始めた。久しぶりの雨だというので、稲はもちろん畑作物までうるおうと皆々喜んでいた。

○夕立や田づらも太る米内沢

能代港から積み出していた粗銅に多分の金、銀が含まれていたことを知らなかったので、新たな精錬法によって多額の利益を生むことになった。そして安永4年、米代川と藤琴川の合流点近くに、加護山の精錬所を建設して、阿仁鉱山の銅と、太良の鉛によって金、銀を得るようになった。

その27年後の享和2年（１８０２）、太良を訪れた紀行家、菅江真澄は、「八百八口と言われるほど多くの坑口があり、山にも谷にも蜂の巣のように坑道があった」と書きとどめている。「奥のしをり」の旅のころは、太良鉱山も活況の時代だった。

ただし、粗銅からの金、銀の精錬は幕府には秘密であったらしく、加護山では幕府の許可を得ずに銅銭も作っていた。さらに二分金や一分銀も密造し、明治2年から3年にかけての5か月間、山奥の太良でも一分銀が作られた。これは戊辰戦争の戦費による秋田藩の財政難のためだったが、明治政府が禁止していた貨幣鋳造で、明治4年に発覚し、「秋田ニセ金事件」と呼ばれる大事件に発展し、関係者が処罰された。

注29　大同二年＝西暦８０７年。平安時代。

注30　奥ノ上＝現在、この地名は見当たらない。「南部領との境に位置する銀山」と書いてあることから推測すると、江戸時代は盛岡藩領だった鹿角市に隣接する場所なのだろう。旧比内町（現大館市）の大葛には金・銀を産出した記録があるの

阿仁の鉱山地帯を俯瞰。正確ではないが、遠く森吉山まで見え、真木沢、三枚、一の又、小沢などの各鉱山の位置関係がわかる。

で、この辺りとも考えられる。

注31　院内は金銀山＝ここも阿仁地方ではなく、秋田県内陸部では最も南に位置する旧雄勝郡雄勝町院内（現湯沢市）にあった銀山。江戸時代直前の慶長元年（１５９６）に発見され、明治末まで約３百年間も繁栄した（閉山は昭和29年）。日本最大の銀山として知られ、明治時代の銀生産量は４百トン、金も１トンに達した。幕末の頃の院内銀山町は戸数４千戸、人口１万５千人で、にぎやかさは久保田城下をしのぐとさえ言われた。

　菅江真澄は漂泊の旅を始めて間もない天明５年（１７８５）、32歳の正月を湯沢で迎え、その４月、院内銀山を訪れている。

注32　半田銀山＝福島県伊達郡桑折町にあった、日本有数の銀山。福島市から北上した桑折町は江戸時代、奥州街道から羽州街道への分岐点となる宿場だった。ＪＲ東北本線・桑折駅前を北へ進み、西側の鉄道をくぐり、さらに東北自動車道をくぐってすぐ右側に、「半田銀山遺跡と記念碑」がある。さらに進むと、半田銀山の採鉱を請け負っていた北半田村の名主、早田家の屋敷が現存している。半田銀山は江戸時代、幕府の桑折代官や佐渡金山奉行の管轄だったが、明治以降は大阪経済界のトップ、五代友厚が経営者となり、さらに昭和になって日本鉱業に引き継がれ、昭和26年（１９５１）の閉山まで続いた。名主・早田家の屋敷内には、五代友厚の息子が居住していたという。「奥のし

をり」に登場する幕府の金山御巡見使が、東北地方の巡見の最初に半田銀山を訪れたのも、当然のことだった。

なお、銀山跡の後方にそびえる半田山（標高863メートル）は、前面の山腹が大規模な土砂崩れを起こした特異な風景を見せていて、東北新幹線の車窓からもすぐわかる。山の中腹には土砂崩れでできた半田沼のある景勝地で、半田山自然公園として地元の人々に親しまれている。語佛師匠も仙台への奥州街道の道筋で、半田山の山容を見たに違いない。

注33　幕府御勘定方＝勘定奉行の下で、幕府財政を管理する役職。租税の徴収、金銀の出納、代官の配置などの職務の中に、金銀銅山の管理もあった。ただし、勘定奉行は各種の訴訟も扱い、その役職は「公事方」という。これに対し、財務・民政の担当者は「勝手方」という。鉱山を管理していたのは「勝手方」に属する役人である。

注34　御普請方＝城の修復など大規模な土木工事を担当する普請奉行に属する幕府の役人。普請方は、勘定奉行の支配下にあるので、鉱山の巡見使を命じられたのだろう。

注35　金座役人＝勘定奉行の支配下で、金の地金を管理し、金貨（主として1両小判と一分金）を製造した役所が「金座」。当初は、小判の製造所と役所が別の場所にあったが、元禄11年（1698）から日本橋本町にまとめられた。そこに現在は、日本銀行本店がある。なお、銀貨を製造していたのが「銀座」。銅貨である銭を製造する銭座は、江戸初期には幕府の認可を受けた全国50カ所以上にあったが、品質にばらつきがあることなどから18世紀後半、江戸市中に集められた。しかし銭は非常に大量に流通させる必要があり、製造所も多数あった。

注36　木山役所＝秋田藩の林業を管理した役所。阿仁川流域は、木材資源が豊かで、鉱石の精錬に必要な木炭を豊富に供給できたことも、鉱山発展の大きな支えとなった。

米内沢から大滝へ

◇大滝で湯治

七月八日、米内沢から小繋へ行った。その道々に継立場(注1)（つぎたてば）が多くて、半里か十五、六町で受け継ぎがあるのでとても手間取った。それで七つ（午後四時）ごろ、ようやく小繋に着き、駅場の向かいの肝煎り殿の家に泊まった。

九日には加護山に立ち寄って能代まで行こうと思っていたのだが、あまりにも残暑が厳しく、しのぎがたい暑さだったので、扇田から大滝へ行って湯治(注2)した方が良いと思った。

今泉茂三郎殿の所に立ち寄り、綴子(注3)まで行ったところで、駅場の向かいの本陣の高橋八郎兵衛殿方で昼食をとっていたら、駅場の隣の高橋善十郎とおっしゃる方……この人は大館でお近づきになり、狂歌などもいたされ、戯作のまねなどもされる面白い人……本陣の別家の方が本陣に来られて「あまりに暑さが厳しいから、今夜一晩泊まって、明朝早くに出たらいいだろう」とおっしゃられ、八郎兵衛殿、善十郎

注1　継立場＝馬や荷物運びの人を換える決まりになっている場所。宿場が多い。馬子にはそれぞれ縄張りがあって、継立場を無視して継続することはできなかった。

注2　扇田から大滝へ行って湯治＝大館から米代川の右岸を東へ向かい、扇田橋を左岸へ渡った所が扇田で、旧比内町（現大館市）の中心地。ここから米代川左岸を東へ進むと大滝温泉がある。大同2年（807）の八幡平の噴火の際に湯がわき出したと伝えられる古くからの温泉で、江戸後期の紀行家、菅江真澄は半年近くも滞在して、地誌『すすきの出湯』を書いた。秋田藩最後の藩主、佐竹義堯も湯治に来て1カ月ほどもいた記録がある。語佛師匠は、盛岡藩領だった鹿角から秋田藩領の大館へ向かう途中でも、大滝に寄っている。

注3　綴子＝北秋田市綴子（旧鷹巣町）。津軽氏の参勤交代の際の本陣が置かれた、羽州街道でも大きな宿場だった。国道7号の綴子交差点から北へ500メートルにある八幡宮綴子神社は、東北地方最古の八幡神社とされている。毎年7月14、15日に行われる例祭では、両方の打面の直径が3

殿に引き留められたので、この日は本陣に一泊した。
○立ち寄らば大木のもとよ夏の旅

その夜は座敷で一席うかがい、翌朝に出発しようと思っていたら、「もう一晩」と引き留められ、十一日はまたまた大雨で出発できず、善十郎殿の家に泊まった。

十二日に綴子を出立した。善十郎殿の狂歌名は夢楽というのだそうで、いろいろと戯作の本なども見せられたので
○綴りにはあらで言葉の綾錦巻き返したる文ぞめだたき

ここから五里六町は継場がなく、昨日の夕立で大水となった米代川をようやく渡った。昼過ぎに、扇田半兵衛殿を訪ねた。この人は、加護山で近付きになった「お竹」という芸者の親父様で、とても世話好きだ。昔は料理屋をやっていて、芸人が数多く出入りした家である。

鳥渡（場所不明）に立ち寄ってから大滝まで行くつもりでいたのだが、一晩引き留められ御馳走になった。その夜、松右衛門という人が訪ねて来た。この人には、去年、南部から来た際、毛馬内から紹介状を持って訪ねた際には能代へ行って留守のため会えなかったが、今回

メートルを超え、長さ4メートル、片側の上には4人ずつ、下に2人ずつ、計12人の鼓手が打ち鳴らす大太鼓が登場する。「世界一」と、ギネスブックにも認定されている大太鼓で、国道7号沿いの「道の駅たかのす」に隣接する「大太鼓の館」には、これが常時展示されている。大太鼓の行事は、雨ごいと五穀豊穣を祈願する神事として鎌倉時代に始まったと言われていて、江戸時代にも行われていたはずだが、「奥のしをり」で触れていないのは、語佛師匠にこの祭礼のすばらしさを伝える人がいなかったのだろう。

注4　十二所＝大館市十二所。盛岡藩領（現在の秋田県鹿角市）に接する鹿角街道の宿場。盛岡藩に対する秋田藩の境番所があった。江戸時代、米代川の舟運はここまでさかのぼっていた。

注5　三哲山＝十二所から間近に見える、こんもりした山。正式名は蝦夷ヶ森というのだが、三哲の故事にちなんで一般には「三哲山」という。だし山を「やま」ではなく「さん」、つまり「さ

お会いすることができた。

　十三日は、松右衛門殿方にあいさつに回ってから、いろいろ買い物などして大滝へ行った。宿は善左衛門殿とおっしゃる方に落ち着いた。大滝は家の数が三十軒ほどあるだろうか。どの家にも内湯があって、熱湯もあればぬるい湯もある。川端に滝があって、滝は九本あるそうだ。

◇三哲山の由来

ここから半里ほどで十二所(注4)（じゅうにしょ）に出る。ここは南部領との境で、御番所がある。領主は茂木筑後様とおっしゃり、五千石の持ち高で、佐竹様のご一族の家柄である。

　大滝から見ると、十二所の向こうに三哲山(注5)という山がある。ここには昔、南部から来た三哲という医者がいた。武芸、学問に秀で、十二所の領主(注6)、家中、町の人まで教えを受けたが、領主をはじめ誰からも礼物がなかったのを怒り、領主の年貢米が蔵に運ばれる途中を襲って奪った。それで、領主から捕り手を差し向けられたが、手ごわくて捕らえられなかった。その後、三哲が大滝へ湯治に行った時、湯に入っているのを殺そうと、槍で腿を突き刺したが、三哲が刺客を捕まえて投げつけたので、皆逃げ去った。そこに三哲の弟子六人が残り、三哲

んてつさん」と愛称のように呼んでいる。

　三哲は元々千葉秀胤（別名下斗米常政）という武士で、寛文6年（1666）に十二所へ来て医者を開業し、学問の師ともなった。語佛師匠は、三哲がなぜ領主の年貢米を奪ったのか理由を書いていないが、それは凶作の年で、奪った米を貧しい農民に施すためだったという。史実としては、三哲は大滝温泉で入浴中に捕らえられ、死罪になった。斬られる直前、三哲は恨みの言葉を残し、間もなく十二所で大火が起きたことから、三哲山の中腹に、その霊魂を慰めるため、三哲から多くの恩恵を受けた住民によって三哲を祭神とする三哲神社が建てられた。

　この三哲山までが秋田藩領で、戊辰戦争の戦跡でもある。奥羽越列藩同盟を離脱した秋田藩に対し、同盟の一翼をになった盛岡藩は慶応4年（1868）8月9日、1600人の軍を差し向けて来た。十二所の城代、茂木筑後は三哲山に陣を敷いたが、守備兵わずか3百人では支えきれず、戸数4百戸だった十二所の市街地も焼き尽くされた。

注6　十二所の領主＝十二所には戦国時代、浅利氏の家臣の居館があった。佐竹氏が秋田に入ってからは城代（所預かり）が配され、初めは赤坂氏、次に塩谷氏、梅津氏と交代し、天和3年（1683）からは茂木氏（代々「筑後」を襲名）が明治維新まで続いた。三哲の故事は、城代が塩屋民部の時のことである。

を介抱したのに対し、三哲が「我を向こうの山に連れて行け」というので、弟子たちが三哲の手を引いてようやく連れて行った。その途中で、これを見て笑った者がいて、その子孫は今になって身障者になっている者もいるという。さて、それから三哲は、山に登って穴を掘らせ、その中に入って切腹して果て、そのままそこに埋められた。

その年、十二所に一人の老人が「どんな病気にも効能がある」という薬を売りに来た。みんながそれを買って、手箱や押し入れなどへ入れておいたところ、そこから火が出て、武家の屋敷も、町家も残らず焼き払い、翌年、ようやく建て替えができたのだが、またまた火が出て残らず焼けてしまった。さらにその翌年、今度は三哲の死んだ山から火玉が出て武家の屋敷へ飛び、そこからまた町家が残らず焼けた。しかし三度とも、三哲を介抱した六人の家は大火の中でとびとびに焼け残った。

領主の茂木氏も、これはすべて三哲の祟りだろうと察し、三哲を神として三哲山大明神と祀り上げた。それからなんの災いもなくなった。

毎年六月十八日がお祭りで、参詣する人が多いという。これは、百七、八十年前のことであるという。

（三哲という人は、南部の九戸の左近監殿の身内で、千葉上総之助

注7　九戸の乱＝天正19年（１５９１）、現在の岩手県二戸市福岡にあった九戸城の九戸政実が、南部宗家の26代南部信直に対して起こした反乱。九戸氏も南部氏の一族で、本来は南部氏の相続をめぐる争いだった。しかしその前年、豊臣秀吉の小田原攻めに参陣した南部信直に対して、秀吉が本領安堵の朱印状を渡したことから、信直の臣下とされることに腹を立てた九戸政実が反旗を翻したのである。が、これは豊臣政権への謀反ということでもあり、秀吉は豊臣秀次を総大将とする10万の軍勢を派遣した。

九戸の乱の前に、奥羽各地で秀吉の天下統一に従わない多くの戦国武将が一揆を起こして討伐され（奥羽仕置）、その残党も九戸政実を頼って九戸城に立てこもった。籠城した人は、地元の農民と家族も合わせて5千人と言われる。大軍を迎え撃って九戸勢は頑強に抵抗したが、「降伏すれば許す」という策略にはまり、九戸政実ら幹部は捕縛されて斬首、城に残った人々は二の丸に集められて火をかけられ、全員が焼け死んだ。

三哲は、九戸から大館の十二所に来たと言われているが、九戸城にいた武士はことごとく死んでいる。九戸の乱では、現在の岩手県北部から青森県東部の武将、地侍も多数が九戸政実に同調しており、当時は南部領だった鹿角地方（現在の秋田県鹿角市）へつながる鹿角街道沿いの武将も反乱に加わっていたから、三哲は、九戸城には入らな

といって、九戸の乱（注7）の落人で、十二所へ来てから三哲と名乗り、医者となったそうだ）

また、十二所から半里、三哲山から南の方に別所村（注8）という村がある。大変な山の中だが、家の数は五、六十軒もあるだろうか。この村人も九戸の乱の落人で、周辺とは言葉も別で、農業、山仕事に出る時の弁当を入れる袋を「武者袋」というそうだ。そのほか、いろいろ別な言葉があるという。これはすべて九戸の落人の証拠で、何事も周辺の村とは別なので「別所村」というのだ。

◇**大滝、扇田、**

大滝に来てからは、毎日温泉に入っていた。この時節は一向に湯治客もない。阿仁の荒瀬村（注9）から来た夫婦と子供一人の三人連れが隣座敷にいて、仲良くなった。五城目から来た七人連れも表座敷にいた。しかし、どの人も話し相手にはならなかった。十二所から武家の内町の皆さんが日帰りで入浴に来て、この皆さんは私を訪ねて来て、いろいろ話などをした。

そうしていたところ、十七日に、大館の原田三四郎殿が同道して、

いで戦った勢力の一員だったのかもしれない。ただ、三哲が十二所に来たのは寛文6年（1666）とされていて（『秋田県の歴史散歩』山川出版社）、九戸の乱からは75年も後のことになる。九戸の乱の落ち武者とすればよほどの高齢になっていたはずで、この話の真偽には疑問が残る。

注8　別所村＝三哲山の西で米代川に合流する別所川を、4キロほどさかのぼった右岸にある集落。村の由来は「奥のしをり」のようなことなのだろう。

注9　阿仁の荒瀬村＝秋田内陸縦貫鉄道の、阿仁合駅からひとつ南（仙北市方向）に荒瀬駅がある。

藩の御出役の黒沢慶助殿とおっしゃる方が、付き人二人とおいでなされた。奥座敷にご逗留され、さっそく領内の見回りに出られたが、毎日私のところへも来られてご馳走になり、落語も演じた。

三四郎殿は、大館で八月一日の祭礼があって、今回は津軽から芝居が来て興行するので、大滝には五、六日逗留して二十八日に大館へ帰られた。

その夕方、扇田半兵衛殿のところからお酌の子が三人来て、奥座敷で飲み明かした。

二十九日には、黒沢様とお付きの人ら三人とも扇田へおいでになられた。途中まで見送り、半兵衛殿のところから来たお酌の子も皆帰った。

○天保もなおるばかりぞ正宗の身を打たせたる滝の湯かげん

○ここらから秋や立つらん滝のもと

夜中に川端へ出て涼んでいたら、所々に火を焚いている人がいるようなので、何をしているのかと行ってみると、灯しの下で夜釣りをしていたので

○妻乞わぬなれ（汝）も灯しによる魚のしかとも見へて引く釣りの糸

八月四日、大滝を出て扇田半兵衛殿のところへ行った。さっそくその夜、目明しの清水儀右衛門殿の世話で壽仙寺という寺で肝煎りの山脇平右衛門殿、そのほか七、八人で楊弓(注10)の会があったのに引き合わせてもらい、儀右衛門殿の弟の勘助殿の家で五日間の寄席興行をすることになった。もっとも、儀右衛門殿は芝居の興行免許を願い出るため、五日の早朝に出発して久保田へお出かけになった。それで、寄席の世話人は佐助殿、平助殿、半兵衛殿の息子の又五郎殿の三人が務めてくださった。寄席は大入りで、一晩延長した。

「あと二、三夜は寄席を続けてほしい」と言われたが、もう朝晩は少し秋風も立ち始めていて、加護山から太良へ行かなければならなかった。

半兵衛殿の娘の「お竹さん」が母親と一緒にやはり加護山まで行くというので、同道することにした。とはいっても、まだ日中は残暑が厳しいので、舟を待つことにした。

八日、半兵衛殿の妻女が大館へ芝居見物にいくのに、我らも一緒にと誘われたが、寄席興行中なので、私の家内だけを大館へやった。役者は津軽から来ているということだ。

注10　楊弓＝遊戯用の小型の弓。もともとは楊柳（カワヤナギ）で作ったから名づけられたという。江戸時代から明治初めにかけて、神社の境内や盛り場に楊弓で遊ぶ「矢場」が設けられ、庶民の遊びとして流行した。

この節、毎日夕立が降り続いて、三日ごろから興行場所が雨天でなんとか桟敷づくりはしたが、やっと七日から興行初日となった。

今年はことのほか農作物のできが良いので、興行免許をお願いして芝居もやっているとのことだ。関東地方はどんなものであろうか。秋田、津軽などは景気がよろしく、芸人なども大いに繁盛している。

南部領では八月十五日の八幡町八幡宮(注11)の御祭礼がことのほかにぎやかで、寄席なども繁盛したが、この頃はご公儀から八戸に外国船を防ぐ御陣屋を設けるよう仰せつけられ、八戸の町方、近辺の村々ともたびたびの御用金を命じられて騒がしく、その上、旅人の逗留は難しく芝居などはできないという。評判がよくないので、扇田から盛岡まで三十二、三里あって三日の道のりだが、行ってみるのは見合わせた。

九日は二百十日ではあるが、とても天気が良く、半兵衛殿と一緒に隣家に鶏料理に呼ばれ、終日、ご馳走になっていたら、日暮れになってその家の主の姿が見えなくなった。空になった徳利だけが残っていたので

○あるじなき庵の主や空徳利……と言ったら、半兵衛殿が

二百十日の荒れに恐れて……この後の第三句をと言われたので

○御けん見に米もぬかずく豊の秋

注11　八幡町八幡宮＝盛岡市八幡町の盛岡八幡宮のこと。もともとは盛岡城内にあった盛岡藩の総鎮守だったが、寛文11年（1671）、現在地に「御旅所」を造り、その後、領民の参拝も許されてから、毎年8月（現在は新暦の9月）に行われる祭には、城下ばかりでなく近隣の人々も集まる大祭となった。城下の各町内からは山車が繰り出し、境内で流鏑馬の神事が行われる。「盛岡に一か月滞在」の「注18」と「注20」を参照。

加護山を経て能代へ

◇祭礼でにぎわう加護山

八月十三日、扇田（注1）を出立した。半兵衛殿の娘のお竹、ご内儀、それに小糸が加護山（注2）の祭礼に行くので同道し、やはり半兵衛殿の親類の源兵衛殿も息子を連れて来た。もう一人、加護山の人で、扇田に娘を嫁がせたのだが病気になっていた人が一緒になった。合計八人で、板沢（注3）という所から能代へ行く舟があるが、板沢まで二里以上あるし、それに小繋に上陸してからまた加護山までは一里もあるので、小舟に乗らなければならない。

きょうは朝霧が濃い。皆さんが川の淵まで見送りに来たので、いとまごいとして

○別れ路の跡うちかくす今朝の霧

それから船で一里余も行って、まだ五つ（午前八時）と思っていたら、すでに四つ（午前十時）になっていたので

注1　扇田＝旧北秋田郡比内町（現大館市）の中心部。奥羽本線の開通以前は、米代川の川港として栄えた。

注2　加護山＝羽州街道の荷上場宿（能代市二ツ井町荷上場）から、米代川の支流の藤琴川を渡った対岸。加護山には、阿仁銅山の粗銅から銀を抽出する精錬所があった（「春には津軽へ向かう」参照）。加護山の精錬所は、明治37年（1894）まで存続した。

注3　板沢＝大館市。扇田から米代川を下り、長木川との合流地点にできた川港。

○たちこめし霧のまにまに見渡せば昇る朝日に下る川舟
○まねかるる心地せられて振りかへる跡なつかしき扇田の里

船中で弁当を開き、酒を酌み交わし、楽しみながら川を下った。加護山までは船路で九里余ある。板沢大館の船場から鷹巣へと、所々に風景が良く、七倉天神の鳥居を右に見て小繋まで行って、ここで（船場の）の帳面に（名前などを）記載し、八つ半（午後三時）ごろ加護山に着いて、御番所の小島東之丞殿方に落ち着いた。

さっそく役宅へごあいさつにうかがったところ、船山（官平）様がお詰めになっていて、支配人の田口市十郎殿、本番重役の与五郎殿にお土産の扇子を持って行ったので、
○残る暑やまだ捨てられぬ扇橋……と上書きして差し上げた。

十四日、十五日は、山神の御祭礼で、若い衆が村芝居をするので、能代の清右衛門殿のところにいる富吉という者が振り付けを頼まれて（加護山まで）来たという。

祭礼中は騒がしくて、咄もできないので、船山様の配慮で、田口殿から紹介状をもらって太良（注4）へ行った。

注4　太良＝「だいら」と読む。山本郡藤里町。

○御祭りの賑わひと聞く地芝居は神の心にかのふ加護山

◇山奥の太良へ

太良までは山道で六里と少しある。一里半ちょっとで大沢という所に出て、そこから半里ばかりで藤琴村（注5）への渡し舟があって川を越えた。藤琴村の目明し、宇右衛門殿という方を訪ねたら、我らとは二十年以前に久保田で知り合った村岡佐吉殿がそこにいて引き留められ、一、三日もいればよいではないかと言われたのだが、太良へ急いでいたので、その夜だけ座敷興行をして、十五日には太良へ向かった。

藤琴からの道は大変な難路で、一つの川を七、八か所で越えなければならなかった。藤琴からは川筋が二つに分かれる。一筋は太良から流れ出て、もう一筋は粕毛川（注6）と言って粕毛村から流れ出ている。粕毛川ではこの季節、鮎がたくさん獲れる。これに対して太良から流れ出す川は黒石川（注7）というそうだが、こちらは鉱石の金気も流れ出るのだろうか、魚は全くいないという。ただし、藤琴から下流では魚が獲れる。古歌に

鮎の魚うらやましくぞ見へにけり一年有りて二年なければ

鮎は一年だけの魚で、子を成そうと川の瀬を登っては獲られ、後は

米代川の支流、藤琴川を20キロ以上さかのぼった（語佛師匠は山道で六里という）山奥で、古くから鉛鉱山として知られていた。粗銅から銀を抽出するのに必要な鉛を太良から簡単に供給できることが、加護山に精錬所を設けた大きな理由だった。

注5　藤琴村＝山本郡藤里町の中心部。昭和30年（1955）に藤琴村と粕毛村が合併して藤里村になり、その8年後に町政を敷いて藤里町が誕生した。藤琴は、藤琴川と粕毛川の合流地点。

注6　粕毛川＝藤琴から北西にさかのぼり、水源を訪ねると青森県境まで至る。流域は峡谷美で知られ、語佛師匠が短歌に詠んだ天然アユは、現在も釣り人の人気を集めている。

注7　黒石川＝現在は「黒石沢」という。太良付近で他のいくつかの沢と合流し、そこから下流が藤琴川となる。語佛師匠は黒石沢について「こちらは鉱石の金気も流れ出るのだろうか、魚は全くいないという」と書いているが、『秋田貨幣史』（佐藤清市郎著、みしま書房）によると、安永4年（1775）、当時は鉛を精錬していた加護山付近で煙害が発生し、農作物に被害が出た記録があるという。その上流にある太良では鉛鉱石を採掘していたから、その毒が川に流れ込んでいたと推測される。

さび鮎となって死ぬということなので
○二年なきものとしきける鮎の魚ただ一ト瀬に身をはたすなり

太良への山道は、とても風景が良く、一ノ渡りという村に出た。その先に金沢(注8)という村がある。ここまでは、太良から加護山へ金属を積み送る舟が藤琴村から毎日やって来るが、この先は川底の石が高くて舟は通れない。この村には、太良から鉛を背負って、または牛馬の背にして運んで来て、入れておく蔵がある。

金沢から寒沢という所に出た。その手前に橋があった。橋を過ぎると半里ほどでこの川を徒歩で渡る所があり、そこから一里ほどの登り坂を越えて太良に出る。役宅へ行って、支配人の木澤理左衛門殿の指図で文吉という方の宿に落ち着いた。太良鉱山の加藤名右衛門という手代は久保田の方で、昔から知っていた人だったから、とてもよく我らの世話をしてくれた。

その夜は十五夜の月見で、宿の文吉殿の向かいの山の端から月が出たのを見て
○また一つ重なる秋や月今宵遠き雲井を越し方の空

注8　金沢＝太良から藤琴川を8キロほど下った集落。『奥のしをり』によって、ここから上流は川舟が通れなかったことがわかる。太良の鉛を舟で運ぶための重要な場所だった。

役宅でお座敷を務めたら、あの粕毛川で獲れた鮎を藤琴から送られて来たというので、私もご馳走になった

○望月にむかへる駒の粕毛川水にひかれてはねる若鮎

○若鮎のうつりに送る月の歌

◇能代へ

十六日、十七日と三晩、座敷興行をして、十八日に太良を出立した。太良から半里ほど山奥に矢櫃(注9)という鉱山がある。支配人は成田新一郎殿というそうだ。矢櫃にも来てくれと言われていたが、藤琴から加護山へ急いでいたので、矢櫃には行かなかった。この成田新一郎殿というのは、近辺の鉱山の支配人頭で、先祖は成田儀兵衛殿といって銅山に勤めて功績があり、(久保田の)お屋形様から十人扶持をくだされたとのことだ。

太良から山道で弘前までは九里ほどだという。三里ほど行くと、津軽と秋田の境に出るとのことだった。金沢まで二里行った所で、支配人の木澤理左衛門殿と出会った。加護山まで用事で行って、藤琴からは舟で帰って来られたという。その舟で藤琴まで行ったが、その道中の景色がよろしくて

注9　矢櫃＝太良付近には小規模な鉛鉱山が散在していた。矢櫃もそのひとつと思われるが、詳細は不明。

○矢櫃よりはやき太良の下り舟弓手も女手も白金の山

その夕方、藤琴に舟が着いて、村岡佐吉殿方へ行った。

○まつ風の調べやここに落とし来て糸ひく川の藤琴の里

佐吉殿方で一晩、お座敷を務め、前々から「帰りには鮎をご馳走しよう」約束されていたが、十六日が大雨で川の水が大変増え、鮎を獲る網の留めを流してしまい、全然鮎が獲れなかったといい、大沢という所から鶏を取り寄せてご馳走してくれたので

○やくそくの鮎は出水に流されて鳥かわりたる今日のご馳走

藤琴では相撲をやっている。この辺りの人たちが集まって、相撲で真剣につかみ比べをやるのが面白く、佐吉殿が一緒に来て見物した。

○川柳　村相撲土俵ですぐにせき普請

二十一日、藤琴から加護山へ鉛を積んで送る舟に便乗を頼みに行ったのが昼ごろで、鮎をお土産にしようとあちこち探したが、いっこうに見つからず、ようやく四尾ほど探し当てた。これを船山様に差し上

げることにして
○二つ三つ四手にかかる鮎の魚いささかなれど君へ呈上

その夜は加護山の役宅で座敷を務め、二十二、二十三日もお座敷。二十四日に加護山を発った。

加護山にはまだ、扇田のお竹親子が逗留していた。半兵衛に礼状を出していとまごいし、お竹親子とも別れた。

と言っても、鉱山から能代へ銅を積み送る船に便乗をお願いしていたのだが、荷上場から切石の渡しを過ぎて、飛根、鶴形には船改番所があって、しばらくの間舟をつなぎ、銅と便乗の荷物などを検査したので、能代の木山方役所の下に舟を着けたのは八つ半（午後三時）ごろだった。ここにも御番所があった。

（能代）柳町の八郎兵衛殿を訪ねたら、八郎兵衛殿の母親が病気で亡くなって五十日になるので、用事もあるし、法事を兼ねて久保田へ行ったとのことで留守だった。与七殿夫婦も留守だった。

そんな折、酒田から馬琴門人の馬吟、宗山門人の新笑の二人が能代に来ていた。その夜は二人と酒盛りして、二十七日まで逗留し、大淵彦兵衛様へご挨拶にうかがった。

二十八日は、八森（注10）へ行こうと思っていたが、この日は天社日（注11）で、庄屋の竹内庄右衛門様、大淵彦兵衛様、そのほか町役人衆の七、八人が料理屋の嘉兵衛殿方へ来て、私も座敷を務めた。この社日には高い家へ上って西に向かい、酒盛りをすると幸福が訪れると言われているので、料理屋嘉兵衛の二階座敷は西向きだからと皆さんが集まったそうで、

○ありがたき御製をここに天社日賑わふ民ものぼる高き家

注10　八森＝能代から日本海沿いに津軽へ向かう大間越街道の宿場。旧山本郡八森町（現八峰町）。「秋田音頭」で「八森ハタハタ」と歌われるように、今は漁業が盛んだが、江戸時代初期には銀山、明治時代には銅の精錬所が操業するなど、鉱山と関係が深い場所でもあった。

注11　天社日＝「天赦日」と書くのが正しく、「てんしゃにち」と読む。陰陽道で「何をしてもその罪を許す」とされる大吉の日で、四季それぞれにあり、語佛師匠が書き留めた旧暦8月28日は秋なので、戊申（つちのえさる）の日がその日にあたる。

津軽深浦へ

◇八森銀山でも座敷を務める

八月二十九日に出立し、能代から渡し舟で向能代へ行き、そこから駒田村を経て、八森村(注1)の目明し、佐左衛門殿を訪ねた。その夜は近所の衆が六、七人来て、座敷で一席演じた。

明日は晦日（月末）なので、銀山(注2)へ行かなければならないと思っていたが、松前の大店の息子だったのが道楽で五、六年前からここに来ていた丸喜という人に雑魚獲りに誘われて出かけ、この日は逗留して、翌日に八森を出立した。

椿村(注3)という所へ出たら、そこは海辺で大変に景色が良く、その間に濱田という村があって、そこからが椿村だったので

○時ならで椿の磯による波の岩にくだけて花とちりける

ここから藻浦(注4)という所へ出た。片方はずっと海で、もう片方は一面の田んぼだったので

注1　八森村＝能代市の北に位置する。海岸沿いに津軽へ通じる大間越街道の宿場で、八森村は昭和29年（１９５４）、北端で青森県に接する岩館村と合併して八森町となり、２００６年には八森町と峰浜村が合併して現在の八峰町となった。ＪＲ五能線・東八森駅の東に、神輿をかついだまま滝にうたれる「神輿の滝浴び」で知られる白瀑（しらたき）神社がある。

注2　銀山＝八森銀山を指しているが、その場所については、語佛師匠の記述には疑問が残る（後述）。

注3　椿村＝ＪＲ五能線・八森駅から南へ７００メートルほどの集落。現在の椿漁港の周辺。
　明治20年（１８８７）、ここで銀鉱山が発見され、明治39年頃は大規模な露天掘りで月産5トンの銀を供給し、当時は「日本一の銀山」と言われた。その地名から「椿鉱山」とも呼ばれたが、これを「八森鉱山」と誤認している人も多い。大正4年（１９１５）から大日本鉱業の経営となり、「八盛鉱山」と改称し、さらに昭和8年（１９３３）、「発盛（はっせい）鉱山」と改められた。現在、海岸の八峰

○片方は藻浦の海よ岡もまた風に波うつ出来秋の米

この辺りはどこまでも片方は海だが、東の方は山際まで田んぼが見渡され、ちょうど出来秋のことだったので

○どこまでも稲の中行く秋田かな

米の実が入っているのを見て

○日の恩や米もぬかづく豊の秋

そこから滝沼(注5)という村に出た。八森はこの近辺八か村の親村で、ここも八森の枝村なので

○八森の沢辺沢辺を流れ来てここに落ち合う滝沼の村

ここから小入川という村(注6)に出た。ここから岩館銀山(注7)と道が二つに分かれていて、我らはここから二町ほどの八森銀山(注8)に行った。支配人の加賀谷五左衛門殿にあいさつし、役宅に落ち着いて二晩座敷興行をした。

ここには鉱山役所の手代、鉱山主(注9)、そのほか鉱山関係者の家が三十

町中央公園に鉱山の記念碑がある。

注4　藻浦＝現在の山本郡八峰町八森茂浦。ＪＲ五能線・八森駅の少し北側。

注5　滝沼＝八森漁港のある「滝ノ間」と思われる。語佛師匠が聞き間違ったのかもしれない。海水浴場もある景勝地。

注6　小入川という村＝小入川は、岩館漁港の少し南で日本海に注ぐ小河川。河口のすぐ上流、大間越街道がこの川を越える所が小入川村の集落。

注7　岩館銀山＝どこを指すのか、語佛師匠の記述ではよくわからない。岩館集落は、小入川から北にあり、山中への道もあるが、どこに鉱山があったのか詳細は不明。

注8　八森銀山＝語佛師匠は「ここ（小入川村）から二町ほどの八森銀山」と書いている。確かに現在、国道１０１号（大間越街道）の小入川橋から上流２００㍍ほどには「八峰町八森鉱山」という地名があるものの、江戸時代の「八森銀山」は全く別の場所とされている。それは、旧峰浜村（現八峰町）の北端、海岸から水沢川を16キロもさかのぼった山間地の水沢鉱山のこと。15世紀に発見された金、銀、銅、鉛の鉱山で、主として銀を生産し、寛永4年（１６２７）に秋田藩直営となった。最盛期には3千人が居住していたというが、間もなく衰退して行った。

　語佛師匠が訪ねた頃は、水沢鉱山は稼働していたものの、あまりにも山奥なので、それを支配す

軒もある。もっとも、鉱山主というのは焼山(注10)といって、三里余も山を登った所に仕事場があり、ここに登れば前は海で、南には能代まで一望し、北は大間越から深浦(注11)まで見下ろすことができるという。

◇大間越から津軽へ

九月三日、八森の佐左衛門殿のところへ帰ろうと思っていたのだが、小入川にいた間兵衛という人……もともと弘前の商人が佐左衛門殿を訪ねて来ていて、銀山へも商売をしに来ていたそうだ……が、ここから深浦までは八里しかないのだから、ついでに見物して行くといいと言うので、この間兵衛さんから紹介状をいただいて岩館の番所(注12)を越し、大間越(注13)の菊地嘉兵衛殿とおっしゃる方の息子の、柳蔵という方を訪ね、坂本屋重吉という宿に泊まった。

岩館から一里半ほどは山道で、そこから海際に出て砂道を一里半、それから峠道にさしかかり、峠の上には御番所(注13)があった。そこから二町余は下り坂で、大間越村に着いた。その夜は、近所の人が二、三人来て落語を聞かせてほしいというので、一つ、二つ咄をした。

三日、菊地柳蔵殿から紹介状をいただき、深浦へ向かった。黒崎村(注15)から松神森山という峠を越え、久田、浜中、岩崎(注16)という家数が百四、

る藩の役所は海岸部の八森にあったのだろう。

注9　鉱山主＝実際に鉱石を採掘し、最初の精錬を行う請負業者。

注10　焼山＝現在の能代市、藤里町、八峰町の3市町の境界にある山。この山を北西に下った所に八森銀山（水沢鉱山）があったので、ここに鉱山主がいたというのもうなずける。ただし、小入川集落から焼山までは直線距離で15キロもあり、高い尾根を越えなければならない。鉱山の請負者がどの道をたどって小入川の「八森銀山役所」まで来ていたのかは不明。

注11　大間越から深浦＝標高963メートルの焼山は、付近では最も高い山で、日本海側には視界をさえぎる高所はないから、津軽の海岸部もよく見えたのだろう。

注12　岩館の番所＝大間越街道に設けられた秋田藩の番所。岩館は大間越街道の宿場で、秋田藩領の海岸線では最も北に位置していた。

注13　大間越村＝大間越の関所を越えて最初の集落。江戸時代は弘前藩の湊目付がいて、北前船など出入りの船を監視していた港でもある。幕末に大間越稲荷神社の本殿と拝殿を再建した際の世話人は、松前と江差の商人で、松前、越中、能登などの商人、船頭から多くの寄進があったことからもわかるように、北前船の時代は、小さいながらも重要な港だった。

注14　峠の上には御番所＝「津軽三関」のひとつ、

五十軒もある村を過ぎると、また山道で、人家はまったくなかった。岩崎まで大間越からは三里、岩崎から二里で深浦(注17)に着き、仙台屋伊右衛門殿という方を訪ねたのだが、何か少々取り込みがあるそうで、伊右衛門殿の口利きで加賀屋という宿に泊まった。

　四日は天気が大荒れとなった。宿の二階は西向きで、雨戸も開けられなかった。昼ごろになって雨がやんだ。

　そうしたところへ宿の主が来て言うには、「きっと寄席か、座敷興行をするつもりでおいでになったと思いますが、この深浦では、芸人は逗留できないのでございます。先だっても月元という祭文語り(注18)が来て、隣の宿で二晩、座敷を務めたのですが、三日目には早々に立ち去るようにとのお達しで、座敷代も集め回ることができず、お役人には祭文語りを旅出させたように見せかけて一晩隠しておき、ようやく出立させたということがありました。あなた様方は前々から名前をうかがっておりましたので、ぜひ一夜、二夜は咄を聞きたいと思いましたし、町の旦那衆にも聞かせたいと思い、昨夜から役人衆にいろいろとお願いしていたのですが、聞き届けてもらえませんでした。そればかりか、たとえ雨でも今日中には旅出させるようにと申しつけられました。残念ながらご出発くださいますよう、お願いいたします」とのこ

大間越関所（番所）のこと。旧西津軽郡岩崎村（現深浦町）のJR五能線・大間越駅から少し南の、現在は鉄道と国道101号のトンネルが通過する丘陵上にあった。関所跡へは稲荷神社から登る道が整備されている。

　寛文5年（1665）に津軽氏の参勤交代が羽州街道の碇ヶ関経由に変更されるまでは、大間越街道が参勤交代の公式路だったので、大間越関所は重要な関門だった。18世紀初期の記録では、月平均の通過者が碇ヶ関では250人いたのに対し、大間越は40人と数少なくなったが、弘前藩では町奉行、同心、町年寄などを常駐させ、通行人と所持品を監視していた。

注15　黒崎村＝大間越から北に位置する集落。大間越街道の宿のひとつ。

注16　岩崎＝旧岩崎村（現深浦町）の中心地で、JR五能線・陸奥岩崎駅がある。ここも北前船の寄港地で、武甕槌（たけみかづち）神社には、松前の藩主が参勤交代の際に津軽海峡を越える御座船「長者丸」や、明治18年奉納の洋式帆船「勢重丸」の船絵馬が奉納されている。

注17　深浦＝「津軽四浦」のひとつとされ、弘前藩が町奉行所を置いていた。城下の弘前への陸路は非常に不便だが、深浦湾は千石船が25艘も停泊できる広さと水深があり、風待ちや、嵐から避難する北前船でにぎわった。今も岸壁から300メートルほど沖には、北前船が綱をかけて停泊場所

とだった。

　これにはあきれてしまって、腹を立てることもできない。間兵衛に勧められて、うかうかとはまってしまった深浦に、今さら悔やんでも仕方ないことだが、とは言っても雨天では出発しかねる。なんとか一夜を過ごしてすごすご帰るのも我ながらおかしいから
○だまされてはまる深浦大間越われは不覚の大間抜けなり
と、人に笑われるのもくやしくて
○山々のあけびにさえも笑われん口も開かで帰る秋田路
その夜のうちに馬を頼んで、早々と深浦を後にした。

（ここで突然、旅日記は終わっている。続きがありそうだが、現存していないのだろう）


を移動させた「史跡深浦港一本杭」が見える。また、古刹円覚寺には、越前敦賀の商人が寛永10年（1633）に奉納した全国最古の船絵馬をはじめ70枚の船絵馬、嵐の海から生還できた船乗りが天に感謝するため、自分のちょんまげを切り取って板に打ち付けて奉納した「髷額」（まげがく）など、多くの海運史料が宝物館に展示されている。

　弘前藩の蔵米は、もっと北の鰺ケ沢港から積み出していて深浦より格上の港とされていたが、実際には深浦がそれをしのぐ繁華な町だったという。

注18　祭文語り＝「祭文」は元来、祭りの際に神へ捧げる願文のことだが、山伏修験者が芸能化し、江戸時代には門口に立って歌い、金をもらう芸になった。古くはほら貝を吹き鳴らして伴奏していたのを三味線伴奏も加わり、心中事件などを脚色して取り上げるようになったことから人気が出て、大坂では常設小屋もできた。浪曲の源流のひとつとされる。

おわりに

◇江戸落語事情

この現代語訳ではしばしば、語佛師匠を「落語家」と言ったり、その芸を「落語」と書いたりしたが、実は江戸時代、「らくご」という言葉はなかった。単に「はなし」（噺または咄）というのが普通で、江戸初期は上方風に「軽口ばなし」と言われることが多かったという。18世紀後半になると江戸では、最後に「オチ」がつく話なので「落とし咄」と言うようになった。そして18世紀末には「落語」という文字も登場するが、読み方は「おとしばなし」である。これを「らくご」と読むようになったのは明治時代、それが定着したのは昭和になってからだ。「奥のしをり」の原文は、ほとんど「咄」なのだが、それでは現代人には通じにくいので、適宜「落語」と訳したことをお断りしておきたい。

さて、落語の始まりだが……17世紀後半、江戸、京都、大坂でほぼ同時期に始まった「辻咄」とされている。これは、盛り場や祭礼の場所に作った簡単なヨシズ張りの小屋で、床几に腰かけた客を相手に面白い話をしてお金を得る商売だったという。ここで演じられた多くの小咄を集めた本も数多く出版された。

そんな中で天明6年（1786）4月、狂歌師であり、劇作家でもあった烏亭焉馬（うてい・えんば）という人が、江戸・向島の料亭で「咄の会」を開いたのが寄席の始まりとも言われている。これを機に、いろいろな人が自作自演の「噺の会」を開くようになり、職業落語家が現れ、常設の寄席も開業するようになった。『古典落語』（興津要編、講談社学術文庫）によると、その頃、庶民の人気を集めていた歌舞伎は早朝から夜までの長時間興行で、木戸銭が最低130文もしたのに対し、寄席はせいぜい3時間程度で木戸銭は普通36文と安く、庶民の手軽な娯楽として急成長したという。

江戸市中の寄席の数も、文化元年（1804）には33軒だったのが、文政元年（1825）には130軒にもなった。各町内に1軒は寄席があったと思えばいい。

ところが天保13年（1842）2月、幕政改革の推進者である老中、水野忠邦は突然「寄席の数は15軒に限る」との命令を下した。

実はそれ以前から、武士も参加していた「噺の会」は江戸町奉行所から目の敵にされていて、しばしば禁止令が出された。これに対して通人たちは「宇治拾遺物語を読み聞かせる会」など偽りの看板を隠れ蓑に、密かに「噺の会」を続けていた。『落語のみなもと』（宇井無愁、中公新書）によると、この時流を止められないと判断したためか、文化13年、北町奉行所から、「寄席は開いてよいが、おどけた咄は禁止。まじめな咄をせよ」というお達しが出された。笑いを求めて寄席へ行く庶民に言わせればヤボなことだが、こうした経緯から江戸では人情咄や、怪談咄など「おかしくない咄が主流を占めるようになった」と宇井は言う。さして面白くもないオチを咄の最後に付けるから、落語と言えば落語だが、宇井は「おかしくても笑わない客が通とされるようになり、江戸っ子はニガ虫をかみつぶしたような顔で落語を聞くのが常であった」と解説している。

そして、そういう状況の中で起きた、庶民の楽しみを根こそぎ奪うような大事件が、天保の改革の寄席の数制限だった。が、天保14年9月に水野忠邦が失脚すると、直後に寄席の数は66軒と急回復した。

さて、「奥のしをり」の冒頭で、語佛師匠は「滑稽落語を作ることをなりわいとして」と書いている。ここまで長々と紹介して来た「江戸落語事情」から見ると、語佛師匠の「滑稽落語」は、江戸落語界では異端のような印象を受ける。「ニガ虫をかみつぶしたような顔で」聞く落語とは思えないからである。

本書「秋田藩領に入る」の「注19」で、江戸の堺町に触れた。日本橋に近い、現在の人形町付近だが、ここには中村座、市村座と2つの芝居小屋があり、通称芝居町とも呼ばれて見世物小屋や寄席も多かった。ところが天保12年（1841）10月7日、一帯が火事になって芝居小屋も焼失し、翌年7月、芝居小屋は浅草猿若町へ移転させられた。

語佛師匠がみちのくへの旅へ出たのは、この直後と推測される。直接のきっかけは大火後の芝居町の衰退と見ていいが、それ以前から語佛師匠は、何かと息の詰まる天保の改革に嫌気がさしていたのではないだろうか。

武士の街である江戸に対して、町人の街である大坂では、爆笑を誘う咄が自由に演じられていて、その多くの演目が江戸にも伝わっていたので、語佛師匠も持ちネタは豊富だったはずだ。「江戸を離れれば、思い通りの咄ができる」と語佛師匠が考えたのも無理からぬことと推測できるのである。

◇意外に近かった江戸

旅の途次、語佛師匠は連日のように寄席興行、座敷興行を開いている。しかしそこで、疑問がひとつ生じた。江戸言葉で演じられたはずの落語が、言葉の違うみちのくの人々になぜ好評だったのかということだ。現代でも「珍歌漫芸集」で知られる秋田の漫芸家、大潟八郎（１９２７～２０１０）などがいて、秋田や津軽の言葉で語られる滑稽な話は江戸時代もあっただろう（民謡の秋田音頭には、笑える歌詞が数多い）が、それがそのまま江戸で通じるはずはない。その逆が可能だったのは、江戸言葉が地方でも通じたということにほかならない。

現代には「標準語」があるが、「標準語」は東京の「山の手」の言葉を基礎にしていて、実は東京の下町には江戸っ子らしい「東京の方言」がある。江戸時代の落語は、そういう言葉で演じられていたのだから、現代の標準語感覚とはちょっと違うのである。

ところで、話が飛ぶようだが、漫画家の古谷三敏が書いた『落語うんちく高座―実録・寄席芸人伝』（廣済堂）に、５代目古今亭志ん生（１８９０～１９７３）の、少々大げさな話が紹介されている。

「うんと田舎へゆくてえと落語なんてえものは見たことも聞いたこともない人がいる。ハナシカをカモシカと間違えて、百姓が鉄砲もってかけ込んで来たなんてえ話もあるくらいであります」

自由自在な語り口が持ち味の５代目志ん生だったから、こんなバカげた話は、本題の前に語るマクラとしてこしらえたのだろうが、漁師町では浪花節はわかるが落語はわからずに、高座から客とケンカしたこともあったという。つまり、近年でも「落語のわからない人がいた」ということで、それなら語佛師匠の落語が「なぜみちのくでも受けたのか」という疑問が出て来たのである。

そこで「奥のしをり」を読むと、「江戸に行ったことがある」とか、「江戸に住んだことがある」という人が驚くほどたくさんいたことに気づかされた。特に武士階級では、参勤交代のお供で１年間を江戸で暮らしたことのある人が珍しくなかったから、江戸の言葉にも親しんでいたのだろう。江戸で語佛師匠を訪ねたという人も少なからず登場する。

江戸時代も後半になると、お伊勢参りなど遠距離の旅をする人が珍しくなくなった。全国を幕府の領地である天領、大名領、旗本の領地に分け、「封建社会はそれぞれが独立国だった」と学校では教わるが、実際はそうした境界を越えて旅するのに不自由はなく、みちのくの人々にとっても、江戸は意外に近い場所だったのだ。

そして、たぶん語佛師匠は、聞いてほろりとさせられる人情咄などではなく、得意の滑稽落語を主に演じたのだろう。「笑いのツボ」は誰にとっても面白いから、多少の言葉の壁を越えて大いに受けたに違いない。

◇芸人と目明しのネットワーク

「奥のしをり」は、天保12年10月28日から同14年9月5日まで、ほぼ2年間の旅行記である。津軽の深浦を出たところで突然終わっているが、冒頭に「庄内酒田、鶴岡から越後、越前、美濃、尾張、さらには京の都まで登ろうと思いついた」と書いていることからすれば、旅はもっと続いたはずだ。

それにしても、どうしてこんな長旅ができたのか。それは、行く先々で落語を演じ、稼いで旅費を得ていたからなのだが、語佛師匠だけでなく、多くの旅芸人がいたことにも驚かされた。

仙台に到着した時には、三笑亭五楽が出迎えてその長屋に落ち着き、松前から戻って来たという弟子の和歌名屋扇蝶に南部への道案内をさせている。落語家だけでなく、歌舞伎役者、講釈師、手品師、浄瑠璃や豊後節など芸人は多岐にわたっている。芝居や寄席の常設小屋のある大きな街もあり、それだけ娯楽の需要があったことが具体的にわかるのも「奥のしをり」の興味深いところだ。

もうひとつ見逃せないのは、そうした旅芸人の興行を支えた目明しのネットワークだ。目明しは、奉行所の与力や同心の手先として犯罪者探索にあたるので、裏社会に通じた人物が任命されるのが一般的だった（「仙台城下」の注2参照）。彼らは他国の目明しとも連携して、越境した犯罪者も逃がさなかった。しかしその探索費用は奉行所から支給されるわけではなく、ほとんど自前だった。そのため目明しへの反対給付として、芝居や寄席の興行を彼らが願い出ると比較的簡単に許可されたという（「仙台城下」の注3参照）。旅芸人にとって目明しのネットワークはありがたい存在だったことが、「奥のしをり」を読むと実感できる。

語佛師匠が仙台領から南部領へ行く際には、仙台の目明しの忠吉からその道筋の「束ね役」への紹介状をもらっている（束ね役については、「南部へ」の注4を参照）。

また目明しは、奉行所へのきちんとした報告書を書けるだけの素養が求められた。裏社会に通じていると言っても、字の読み書きもできない者は任命されなかった。それどころか、盛岡の目明し高橋和吉は『源氏物語』も読む読書家というから、並の知識人ではなかった。時代劇に登場する目明しとは一味違うキャラクターに驚かされる。

さらに俳諧、狂歌などの文芸愛好家も各地で語佛師匠を歓迎し、交際している。こうした教養人の多さからも、江戸時代の人々の知識レベルの高さが伝わって来る。

◇藩境を越えれば別の国

江戸時代後期は、街道も整備され、安心して遠距離の旅ができる世の中だったが、不自由さもあったことがわかるのも「奥のしをり」の興味深いところだ。

その第一は、藩境を越えると通貨が変わったことだろう。日本史の教科書では「江戸は金貨中心、関西では銀貨中心」というくらいは教えているが、実際には大名領ごとに、それぞれの都合で通貨が使い分けられていたのである。

金貨、銀貨、銭の相互の換算率は、本文中の注釈で何度か解説しているが、幕府の決めた通りには行われていないことに注目したい。

例えば伊達氏の仙台藩領では、藩札や仙台独自の銭を使わなくてはならなかった。これは信用度が低く、仙台商人からも軽視されていたし、鉄銭である仙台通宝は粗悪品で、語佛師匠が南部盛岡藩領に入ると、馬子からも粗略に扱われ、「旅の途中で取り換えればよかったのにと言われて、困った」と嘆いている。

秋田でも藩札が流通し、そればかりか秋田藩は通貨の密造もしていた。

変わっていたのは津軽で、ここは関西流の銀本位の通貨だった。

江戸時代の通貨は、金、銀、銭それぞれに相場が立つという複雑な仕組みだったが、これに藩単位で事情が異なるとなれば、現代人にはひどく不便に思われてしかたない。

道の距離表示も藩単位で違っていた。里程の基本は1里なのだが、その長さが違うのである。これも「奥のしをり」で教えられたことだ。

「金華山見物」の項で語佛師匠は、「こちら（仙台領）では六丁を一里としている」と書いている。これは通常の「36町で1里」（約4キロメートル）よりかなり短い（「金華山見物」の注17参照）。逆に「八戸から鹿角へ」の項では、「この辺りでは七町を小道一里といい、四十八町を大道一里、または一塚」と書いている。48町で1里というのは5キロメートルを超える距離だ。次の一里塚まで語佛師匠も「まことに遠く感じられる道のりだった」と述べている。

通貨にしても、里程にしても、教科書では全国一律のように説明されているが、実際に各地を訪ねた人の旅行記だからこそ、実感をもってそれぞれの相違点が浮かび上がって来るのだ。

◇こまめな語佛師匠の記述

語佛師匠は見たこと、聞いたことをかなり詳細に記録している。その中には「奥のしをり」でしか知ることのできないこともある。

例えば、秋田市の太平山信仰の由来伝説だ。「秋田の伝説」に収められている話で、久保田の城下の娘が、太平山の神と契りを結び、生まれたのが三吉（さんきち）さんだという。三吉さんは秋田で人気の伝説上の存在だが、その由来についてこれほど詳しい伝承はほかにはない。三吉さんのその後のエピソードも紹介されていて、なかなかに楽しい。

滞在した場所ごとに、さまざまな物品の値段も詳しく書き留めている。江戸や大坂の物価についてはいろいろな研究書があるが、地方の当時の物価を知る貴重な記録と言える。

また、庶民の暮らしぶり、各地の特産品などにも触れていて、語佛師匠の旺盛な好奇心がうかがえるのも

「奥のしをり」の大きな魅力だろう。

江戸時代の奥羽地方の実情についてはこれまで、漂泊の旅行家・菅江真澄の『遊覧記』が最高峰の記録とされて来たが、江戸っ子の目で見た「奥のしをり」も、それに劣らない内容を持っていて、精読をお勧めしたい。

加藤貞仁

「奥のしおり」主要参考文献

江戸東京年表＝吉原健一郎・大濱徹也編（小学館）
近世事件史年表＝明田鉄男（雄山閣）
江戸物価事典＝小野武雄（展望社）
新編物語藩史・第一巻＝児玉幸多・北島正元監修（新人物往来社）
物語奥の細道＝佐藤英昭（自在庵）
芭蕉全発句・下巻＝山本健吉（川出書房新社）
江戸期の俳人たち＝榎本好宏（ＮＨＫ学園）
百人一首＝大岡信（講談社文庫）
日本古典文学全集「黄表紙　川柳　狂歌」＝小学館
日本音楽の歴史＝吉川英史（創元社）
歌舞伎十八番＝戸板康二（中公文庫）
目明し金十郎の生涯＝阿部善雄（中公新書）
渤海国興亡史＝濱田耕策（吉川弘文館・歴史文化ライブラリー）
料理食材大事典＝主婦の友社
古典落語＝興津要編（講談社学術文庫）
落語のみなもと＝宇井無愁（中公新書）
落語うんちく高座―実録・寄席芸人伝（古谷三敏、廣済堂）

【東北地方】

奥州街道＝無明舎出版編（無明舎出版）
東北の街道＝渡辺信夫監修（社団法人　東北建設協会）
北前船―寄港地と交易の物語＝加藤貞仁（無明舎出版）
戊辰戦争とうほく紀行＝加藤貞仁（無明舎出版）
とうほく藩主の墓標＝加藤貞仁（無明舎出版）
歌枕とうほく紀行＝田口昌樹＋無明舎出版編（無明舎出版）
江戸「東北旅日記」案内＝伊藤孝博（無明舎出版）
阿古屋の松＝津村淙庵著、細川純子訳（無明舎出版）
菅江真澄遊覧記1～5＝内田武志・宮本常一編訳（平凡社・東洋文庫）
楯突く群像――天下人・秀吉と奥羽一揆群＝高島真（無明舎出版）

【宮城県】

宮城県の歴史散歩＝山川出版社
仙台藩犯科帳＝高倉淳（今野印刷株式会社）

【岩手県】

岩手県の歴史散歩＝山川出版社
南部史要＝菊池悟朗（熊谷印刷出版部）
図説盛岡四百年・上巻（江戸時代編）＝吉田義昭・及川和哉編著（郷土文化研究会）

【秋田県】

太平山の歴史＝田村泰造（太平山三吉神社総本宮）
修験道史研究＝和歌森太郎（平凡社・東洋文庫）
消えゆく山人の記録　マタギ＝太田雄治（翠楊社）
秋田のことば＝秋田県教育委員会編（無明舎出版）
秋田の峠歩き＝藤原優太郎（無明舎出版）
秋田の山＝奥村清明（無明舎出版・んだんだ文庫）
男鹿ガイドブック＝無明舎出版
羽後の伝説＝木崎和廣編著（第一法規出版）
田沢湖と周辺＝佐々木由治郎（民俗説話研究会）
八郎潟風土記＝石田玲水（秋田活版印刷）
秋田のお寺さん―秋田・河辺＝秋田魁新報社
ハタハタ＝渡辺一（無明舎出版・んだんだ文庫）
阿仁鉱山跡探訪＝戸島チエ（私家版）
秋田の今と昔＝井上隆明（歴史図書社）
秋田のきのこと山菜＝畠山陽一（秋田魁新報社）
秋田貨幣史＝佐藤清一郎（みしま書房）
秋田大百科事典＝秋田魁新報社

【青森県】

青森県の歴史散歩＝山川出版社
新編弘前市史・通史編2、3（近世1、2）＝「新編弘前市史」編纂委員会（弘前市）
岩木山信仰史＝小館衷三（北方新社）
嘉永五年東北　吉田松陰『東北遊日記』抄＝織田久（無明舎出版）
津軽・松前と海の道＝長谷川成一編（吉川弘文館・街道の日本史3）
新潮日本古典集成「謡曲集・上」（善知鳥）＝伊藤正義校注（新潮社）

【山形県】

酒田市史・改訂版・上巻＝酒田市
庄内藩＝斎藤正一（吉川弘文館・日本歴史叢書43）

――その他、多数の資料を参照しました

著者略歴

加藤　貞仁（かとう・ていじん）
1952年生まれ。福島市出身。明治大学文学部日本文学科を卒業し、読売新聞社入社。秋田支局、経済部、生活情報部記者、宣伝部などを経て人事部次長で退社。著述業と並行して中日本高速道路広報部、子会社の中日本エクシス東京広報室に勤務（2017年3月末退職）。
日本エッセイストクラブ会員。俳誌『杉』同人。
主な書作に、『戊辰戦争とうほく紀行』『箱館戦争』『幕末とうほく余話』『北前船 寄港地と交易の物語』『海の総合商社 北前船』『北前船と秋田』『北前船寄港地ガイド』（いずれも無明舎出版）
『おいしい野菜は自分でつくる』（主婦と生活社）など多数。俳誌『杉』にエッセイ「房総菜園日記」を連載中。

奥のしをり
定価〔本体一八〇〇円＋税〕
二〇一九年六月一五日　初版発行
著　者　加藤　貞仁
発行者　安倍　甲
発行所　㈲無明舎出版
秋田市広面字川崎一一二—一
電　話／（〇一八）八三二—五六八〇
ＦＡＸ／（〇一八）八三二—五一三七
製　版　㈲三浦印刷
印刷・製本　㈱シナノ

ISBN 978-4-89544-655-6

伊藤孝博 著

江戸「東北旅日記」案内

四六判・二七七頁
本体一八〇〇円+税

江戸時代（明治も含む）、東北地方を旅し、その記録を残した18名の著名な旅人と、その作品を克明に解説する旅日記ガイド。写真や地図も多数収録。

津村淙庵 著・細川純子 現代語訳

阿古屋の松

A5判・一五五頁
本体一七〇〇円+税

天明元年（1781）、江戸の商人（歌人）津村淙庵は、奥州街道、羽州街道を通って出羽の国を往復、初めて東北の風景、風俗に接した。淙庵の見た二百三十年前の東北地方が、瑞々しい現代語でよみがえる。

伊澤慶治 翻刻（解説・小松宗夫）

秋田日記

A5判・一一九頁
本体二〇〇〇円+税

天保大飢饉のさなかに気仙沼から米の買付けに来た熊谷新右衛門の秋田紀行。当時の秋田を旅人の目で克明にとらえた驚きの旅日記。

金森正也 翻刻・現代語訳・解説

秋田風俗問状答 あきたふうぞくといじょうこたえ

A5判・一四八頁
本体二五〇〇円+税

江戸時代後期、諸国の風俗、習慣を知るために幕府は問状を配布、回答を求めた。その影印版・翻刻・現代語訳。加えて、注釈と解説を付し、カラー彩色絵図二十頁を付した、初の現代語訳。

加藤貞仁 著

北前船寄港地ガイド

A5判・一四六頁
本体一九〇〇円+税

動く総合商社といわれた北前船の寄港地を全国に訪ね、史跡や文書、記念館などを平易な分と写真でガイドする、二〇一八年最新オールカラーの歴史探訪。